Le Monde *diplomatique*

Vol. 195   Décembre·2024

Article de couverture

페미니사이드,
국가의 방조가 키운 다면적 '여혐' 살해

글·로렌 다이카르

페미니사이드, 즉 남성권력에 의한 '여성살해'가 최근 프랑스 언론과 정치 무대에서 중요한 이슈로 부각되고 있다. 이 여성혐오적 살인 개념은 처음에는 앵글로색슨 국가에서 등장했지만, 여성 살해가 빈번한 라틴 아메리카의 페미니즘 학계에서 주목받으면서 학술적으로 더욱 체계적으로 분석되고 있다. 그러나 여성살해 용어는 아직도 부부관계 범위에 국한 되어 있고 형법에도 명시되지 않고 있다.

56면 계속▶

26

38

64

Economie

Histoire

Mondial

80

Sport

Culture

107

Corée

111

위험한 생각

브누아 브레빌 ▌〈르몽드 디플로마티크〉 프랑스어판 발행인

긴축이라는 이름은 이제 너무 불신을 사서 아무도 입에 올리려 하지 않는다. 지난 6월, 유럽연합(EU)이 7개국(프랑스, 벨기에, 이탈리아, 헝가리, 몰타, 폴란드, 슬로바키아)에 대한 초과 재정적자 시정 절차(EDP-Excessive deficit procedure)를 시작하며 재정 건전성을 회복하지 않으면 제재(GDP의 0.1% 벌금 부과 등)를 가하

경향신문

kyunghyang.com

진실을 보는 창

21세기는 초연결시대입니다.
사람과 세상, 정보와 지식이 서로 이어지는 네트워크 시대입니다.
언제 어디서든 정보의 바다에 접속할 수 있지만 반대로 가짜 뉴스,
거짓 정보도 넘쳐납니다.
경향신문은 특정 진영의 시각을 대변하지 않습니다.
오직 진실의 편에 서서 공정보도를 추구합니다.
경향신문은 독자 여러분을 사건과 역사의 현장으로 안내하겠습니다.
경향신문과 함께 '진실의 목격자'가 되어주십시오.

겠다고 했다.

이에, 파올로 젠틸로니 유럽연합 경제 담당 집행위원은 강력히 변명했다. 그는 "적자와 부채가 높은 국가(EU 재정준칙-재정적자 GDP의 3%, 국가부채 60% 이하 유지)들이 지출관리에 신중해야 하는 것은 당연하나 그것이 곧 긴축 정책을 말하는 것은 아니다"라고 말했다 (〈Il Messaggero〉, 2024년 6월 20일).

몇 달 후, 프랑스 정부는 2025년 재정 계획 관련 공공 지출의 400억 유로 감축을 발표하면서 이를 "재정 회복", "책임 예산", "진실 예산"이라 표현했다. 이탈리아 정부도 향후 7년간 매년 130억 유로씩 삭감할 계획에 "조정의 궤도"라는 표현을 사용키로 했다. 심지어 캐나다의 퀘벡에서도 일부 부처 고용 동결을 발표했지만 재무 장관은 "긴축이 아니다"라고 강하게 부인했다.

슬그머니 돌아온 긴축 정책

그러나 긴축은 돌아왔다. 요란스럽지 않게 조용하고 슬그머니 돌아온 것이다. 2008년 금융 위기 이후 남유럽에 가해진 긴축의 상처는 뼈아픈 교훈을 남겼다. 그리스에서 실업, 자살, 약물 중독, 영아 사망률 증가 등과 같은 결과가 이어졌고, 사

람들은 자국이 부유한 유럽인을 위한 에어비앤비 단지로 변해가는 모습을 지켜볼 수밖에 없었다.

15년이 지난 오늘날에도 긴축은 여전히 유통되고 있다. 그리스의 GDP는 금융 위기 이전보다 4분의 1이 줄었고 평균 임금도 회복되지 못했으며, 공공 부채는 2007년의 103%에서 현재 무려 160%로 증가했다.

독일도 상황이 크게 다르지 않다. 예산 규제로 투자가 줄어들어 다리가 무너질 지경에 이르렀고, 도이체 반의 기차가 정시에 도착하면 사람들이 놀랄 정도다. 독일은 1932년 하인리히 브뤼닝 총리의 정책 이후 긴축이 "위험한 생각"이라는 것에 공감해왔다. 긴축은 문제를 일으키지 않은 사람들에게 해결책을 제시하는, 한마디로 당위성도 효과도 없는 처방일 뿐이다.(1)

러-우 전쟁 비용 조달하려고 서민 경제 압박

하루하루 불확실성이 커지는 세상에서, 당장이라도 3차 세계대전이 터질 것 같고 기후 변화로 미래가 불안해지는 상황에서, 기약 없이 허리띠를 졸라매며, 그것도 불확실한 결과를 기다려야 한다는 건 고통일 뿐이다.

무엇보다 시민들은 더 이상 '유일한 선택'이라는 말을 믿지 않는다. 2008년 금융 위기 이후, 유럽중앙은행(ECB)은 국채를 대거 매입했고, 영국과 아이슬란드는 은행을 국유화했으며, 키프로스는 10만 유로 이상의 예금을 강제 징수했다.

코로나19 팬데믹 초기에는 EU가 재정 규칙을 전면 중단했고, 프랑스 정부는 수백만 명의 노동자에게 실업 수당을 지급했으며, 미국 의회는 가구당 1,200달러를 지원했다. 이처럼 위기 속에서 고정된 규칙과 교리가 무너졌다.

우크라이나 전쟁은 에너지 가격 상한제를 초래했고 프랑스는 국방 예산을 40% 증액, 2030년까지 총 4,130억 유로를 지출할 예정이다. 정부는 이를 '전쟁 경제'라 부른다. 그리고 그 자금은 실업자, 연금 수급자, 공무원, 그리고 공공 서비스 이용자들에게서 가져오려 한다. ㏐

크리티크M 최종호
『영화 평론의 쓸모』
권당 정가 16,500원

글·브누아 브레빌 Benoît Bréville
<르몽드 디플로마티크> 프랑스어판 발행인

번역·김민영
번역위원

(1) 마크 블라이스, 『Austerity. The History of a Dangerous Idea 긴축: 위험한 생각의 역사』, 옥스퍼드 대학교 출판부, 2013.

트럼프와 윤석열의 "케미"

성일권 | 〈르몽드 디플로마티크〉 한국어판 발행인

미국의 제도와 전통적 가치를 무시하는 트럼프 대통령 당선인은 여러모로 한국의 윤석열 대통령과 닮아있다. 미국 것이라면 뭐든지 따라 하는 윤 대통령에게 이 말을 해준다면 얼마나 좋아할지 모르겠으나, 두 사람의 등장은 그들의 임기 내내 괴팍스러움을 감내할 수밖에 없는 한미 양국 국민에게는 불행한 일이 아닐 수 없다.

일본이나 영국 같은 의원내각제라면 조금이라도 국민의 눈 밖에 나면, 당장에 선거를 다시 치러 갈아 치울 수도 있지만, 대통령제인 까닭에 지지율 10%대라 해도 탄핵되지 않는 이상, 임기 끝까지 국민의 속앓이가 클 수밖에 없다.

우선 두 사람은 복수의 화신이다. 드럼프가 미 행정부의 최고 직책에 논란의 인물들을 지명한 것은 첫 임기 동안 갈등을 빚었던 연방 정부의 국가기관들에 대한 그의 노골적인 보복 의도를 보여준다. 그러나 복수는 결코 대통령 임기의 청사진이 될 수 없다.

지난 11월 5일 미 대선 승리 이후, 트럼프는 상원 다수당 지위를 되찾은 공화당 소속 상원의원들에게 자신이 행정부 최고 직책에 지명한 인사들에 대한 인준 권한을 포기하라고 압박했다. 이러한 시도는 단순히 권력 분립 원칙을 훼손한다는 점에서 논란의 소지가 있을 뿐만 아니라, 민주주의의 중요한 과정인 인준 심의를 무너뜨린다는 점에서도 문제가 있다.

일반적으로 엄격하게 이루어지는 인준 심의는 논란이 되는 인물들의 임명을 막기 위한 안전장치 역할을 훌륭히 수행해왔다. 트럼프가 지금까지 발표한 몇몇 인사들의 이름을 보면 그의 인선 기준이 전문성보다는 맹목적인 충성에 있다는 점을 알 수 있다.

윤 정권이 개각 때마다 여당인 국민의힘의 의중을 전혀 묻지 않고, 독단적으로 자신에게만 충성하는 함량 미달의 후보들을 냈다가 국회 청문회를 통과하지 못한 인물들을 막무가내로 임명을 강행한 것과 흡사하다.

트럼프가 등용한 인사들의 면면은 하위직 공무원보다 못한 경륜과 식견을 지닌 사람들이 자신과 술자리를 자주 가진 검찰 조직원이나 친구라고 해서, 또는 그의 부인과 친분이 있다고 해서 고위직에 올라 호가호위하는 꼴을 연상케 한다.

예를 들어, 〈폭스 뉴스〉의 보수적 진행자인 피트 헤그세스는 공화당을 향한 아첨을 유일한 편집 방침으로 삼아온 인물로, 국방부 장관에 지명되었다. 하지만 이 직책은 전통적으로 미국의 저명한 공직자들이 맡아왔으며, 과거 군 복무 경험이 있더라도 헤그세스는 그들과 비교할 수준이 못 된다.

〈폭스 뉴스〉를 통해 활동했던 전 민주당 하원의원 털시 개버드가 18개 정보기관을 통괄하는 국가정보국(DNI) 국장으로 지명된 것 역시 우려를 낳는다. 국가 안보와 같은 민감한 분야에 대한 자격 부족과 더불어 과거 음모론적인 발언이나 러시아 및 그 동맹국에 대한 호의적인 태도는 의문을 제기한다.

공화당 하원의원 맷 게이츠(플로리다주)를 법무부 장관(미국의 검찰총장 겸 법무부 장관)에 지명한 것 역시 충격적이다. 그는 개인적인 문제로 인해 미 하원 윤리위원회에서 조사를 받고 있는 인물로, 2022년 공화당이 하원 다수를 차지한 이후 하원을 무질서하게 만든 주요 인물로 알려져 있다.

이와 같은 인선의 배경에는 미국 제도의 근간을 이루는 기관들에 대한 공개적인 경멸이 자리 잡고 있다. 트럼프는 연방 정부의 예산과 규제를 대폭 삭감하는 임무를 맡길 목적으로 미국 최고 부자인 일론 머스크를 정부효율부 장관으로 지명했다.

민주주의를 위협하는 허위 정보의 강력한 매개체로

전락한 소셜 미디어와 연관된 사람을 지명한 데 대해 환호하는 것은 어리석거나 무지하거나, 둘 다임에 틀림없다. 이러한 어처구니없는 인선이 트럼프가 첫 임기 동안 충돌했던 연방 정부 기관들에 대한 보복임을 누구나 알 수 있다. 어리석고 무지한 일이다.

그러나 복수혈전은 결코 대통령의 청사진이 될 수 없다. 오랜 경륜의 미 공화당 상원의원들이 그에게 이를 분명히 상기시켜야 한다. 어쩌면, 복수심에 불탄 윤 대통령이 자신의 정치적 라이벌이라 할 인사들에 대해 수하의 공권력을 동원해 언론플레이와 압수, 체포, 기소, 재판 등 수많은 괴롭힘으로 날밤을 새우다가 최악의 지도자로 추락한 것은 트럼프에게 반면교사의 교훈을 줄 법하지만, 공교롭게도 두 사람은 남의 말에 귀를 막고, 속사포로 말하는 공통점이 있다.

얼마 전, 김건희 여사의 국정 농단과 관련한 대국민 기자회견장에서 윤대통령은 "아내의 내조가 국정 농단이라면, 국어사전을 다시 써야할 것"이라고 강변하고, 트럼프 당선인의 지인들과의 친분을 강조하는데 말을 아끼지 않았다. 그는 미 상원의원, 주지사, 전 국가안보보좌관 등의 이름까지 거명하며 그런 사람들이 자신과 트럼프가 "케미"가 맞을 것이라고 했고, 그 사람들이 오래전부터 "다리를 잘 놔서 트럼프 대통령과의 관계를 잘 묶어주겠다"라는 얘기를 하더라고 말했다.

자신의 휴대폰 전화번호까지 알려줬다고도 말해 구설수에 올랐다. 대한민국 대통령이 이 사람 저 사람 다리를 놓아야 미국 대통령 당선자와 친해질 수 있다는 얘기처럼 들려, 국민의 한 사람으로서 민망스럽기 짝이 없다.

트럼프 집권 후 한국 수출이 최대 450억달러(약 60조원) 줄어들 수 있다는 대외경제정책연구원의 보고서가 나오고, 벌써 주한미군 방위비 분담금 증액을 비롯해, 관세, 환율, 반도체, 자동차, 배터리 등 각종 경제 분야에서 미국의 거센 통상압력이 예고되어 윤 대통령이 말한 '트럼프와의 케미'가 어떻게 작용할지 궁금하다.

집권 후반기에 들어선 윤 대통령이 술친구들로 둘러싸여 정치적 라이벌을 척결하는 '보복 정치'를 그만두고, 널리 인재를 구해 험난한 외교·국방·경제·사회현안에 집중하길 바라마지 않는다. Ⓓ

크리티크M 9호
『불온한 자들의 예술』
권 당 정가 16,500원

글·성일권
<르몽드 디플로마티크> 한국어판 발행인

트럼프주의는 사회현상의 일부

트럼프의 승리가 백지 위임장은 아니다

제롬 카라벨 ▎사회학 교수

도 대체 이런 인물이 어떻게 대통령으로 당선될 수 있었을까? 도널드 트럼프의 승리를 이해하기 위해서는 지난 30년간 심화되어 온 미국 정치의 양극화 현상을 먼저 살펴봐야 한다.

1994년부터 2014년 사이, 미국 민주당을 "국가 복지에 대한 위협"으로 보는 공화당원의 비율은 17%에서 36%로 두 배 이상 증가했다. 민주당원들 사이에서도 비슷한 변화가 있었는데, 공화당을 위협으로 보는 비율이 1994년 16%에서 20년 후 27%로 증가했다. 이것이 2016년 트럼프의 근소한 승리를 가능케 한 배경이었다.

지난 25년 가까이, 두 주요 정당의 상대적 영향력은 놀라울 정도로 비슷했다. 2000년부터 2024년까지 7번의 대선에서 민주당과 공화당의 득표율은 매우 좁은 범위 내에서 움직였다.

민주당은 48%에서 53% 사이, 공화당은 46%에서 51% 사이였다. 이는 2024년 대선에 출마한 모든 공화당 후보가 약 45%의 최소 득표율을 기대할 수 있었다는 것을 의미한다. 이는 트럼프처럼 부정적 속성이 많은 후보가 어떻게 절반의 득표를 할 수 있었는지 이해하는 데 중요한 요소다.

민주당에 대한 거부투표 증가, 감정적 양극화 현상

미국 정치의 또 다른 특징은 거부투표의 증가다. 이는 유권자들이 한 정당에 대한 호감보다는 다른 정당에 대한 혐오감에 의해 투표하는 현상이다. 연구자들은 이

를 측정하기 위해 0도(부정)에서 100도(긍정)까지의 '감정 온도계'를 사용한다. 1978년에는 19%의 응답자만이 상대 정당에 30도 이하의 점수를 주었지만, 2012년에는 이 비율이 56%로 거의 3배가 되었다. 이러한 '감정적 양극화' 현상의 심화는 상대 정당 지지자들에 대한 깊은 반감으로 나타났다.

미국의 양극화는 다른 어떤 산업화된 민주주의 국가보다 심각하다. 이제는 가장 사적인 영역인 부부 관계에까지 영향을 미친다. 2020년 한 조사에 따르면, 정치적 성향과 관계없이 응답자의 단 6%만이 반대 정당을 지지하는 배우자를 두고 있었다. 이는 대부분의 미국인은

정치적 견해가 비슷한 사람과 결혼하는 경향을 말해주는 것으로, 정치적 양극화 현상의 하나인 정치적 동일성(homogamy) 심화로 설명될 수 있을 것이다.

이념적, 감정적 양극화, 거부투표의 증가, 민주당과 공화당 간의 상대적 균형이 트럼프가 백악관을 되찾을 수 있게 한 조건들이다. 특히 거부투표의 일반화가 트럼프 승리에 결정적이었다. 오늘날 미국 유권자들은 후보를 숭배하거나 좋아하기 때문이 아니라, 주로 경쟁자를 경멸하기 때문에 선택한다. 트럼프는 무거운 짐을 안고 선거에 나섰지만, 그에게도 유리한 점은 많았다.

전 세계적으로 물가 폭등과 코로나로 인한 혼란에 지친 사람들은 현 정부를 대체하기 위해 선거에 나섰고 뜻을 이루었다. 미국에서는 60%의 사람들이 생활비를 감당치 못해 힘들다고 말할 정도로 인플레이션은 매우 큰 문제였다.

바이든 행정부의 부통령을 지낸 카멀라 해리스는 현 체제의 책임자로 인식되었는데, 이는 당시 정치 분위기에서 오히려 불리한 조건이었다. 미국은 G7 국가 중에서 자국 정부에 대한 시민들의 신뢰도가 가장 낮은 나라이다. 이러한 상황에서 현재 집권 정부의 후보가 비판적 공세에 맞서 유권자들의 지지를 유지하고 확대하기란 매우 어려운 일이다.

미국에서 정부에 대한 시민들의 신뢰는 1960년대 중반에는 약 80%에 달했지만, 2024년 4월에는 역사적 최저치인 22%로 떨어졌다. 이처럼 냉소주의와 불신이 팽배한 분위기에서 트럼프 후보의 승산은 어느 정도 예견될 수 있었다.

트럼프는 2004년 이후 처음으로 공화당 후보로서 전국 득표에서 승리했을 뿐만 아니라, 7개 경합주를 모두 휩쓸었고 상원과 하원에서도 다수당이 되었다. 2020년과 비교하면, 그는 전국적으로 진전을 보였는데, 특히 농촌 지역 주민(+15%), 18-29세 청년층(+13%), 비백인 대학중퇴 이하 유권자(+16%), 그리고 라틴계 남성(+11%)과 여성(+17%) 사이에서 두드러졌다. 이러한 집단적지지 덕분에 그는 선거에서 승리할 수 있었다.

트럼프 진영이 주장한 '역사적 재편성' 인정 안돼

그렇다면 승리 연설에서 그가 주장한 것처럼 선거 결과 "강력하고 전례 없는 위임"을 미국인들로부터 받았다고 할 수 있을까? 그것은 분명히 아니다. 300만 표를 밑도는 그의 우위는 2020년 조 바이든이 확보했던 우위(700만 표 이상)의 절반에도 못 미친다. 게다가 과거에는 경쟁자에 훨씬 더 큰 표 차이로 당선된 대통령들이 있었다. 1932년 프랭클린 델라노 루스벨트는 허버트 후버를 17%포인트 이상의 차이로 이겼고, 1980년 로널드 레이건의 지미 카터에 대한 승리는 조금 덜했지만 여전히 10%포인트 차이였다. 득표율 50% 미만을 기록한 트럼프는 해리스를 단 1.7%포인트 차이로 이겼을 뿐이다.

트럼프 진영이 주장하는 그의 당선이 미국 정치의 "역사적 재편성"을 의미한다는 말도 마찬가지로 받아들일 수 없다. 전문가들이 만장일치로 정치 지형을 진정으로 재편했다고 인정하는 선거들—1828년 앤드류 잭슨, 1896년 윌리엄 매킨리, 1932년 프랭클린 루스벨트, 1980년 로널드 레이건의 당선—은 훨씬 더 큰 표 차로 승리했고 승리 정당의 매우 긴 지배 기간을 열었다.

하지만 2024년 선거는 민주당이 특히 우려해야 할 오래된 추세를 확인했다. 노동자 표의 이탈이다. 이는 미국에만 국한된 현상이 아니다. 많은 서구 민주주의 국가에서 좌파와 중도좌파 정당들은 노동자 계층, 즉 그들의 사회적 기반이자 이념적 나침반이었던 바로 그 계층의 이탈을 겪었다.

미국 민주당의 경우, 이러한 침식은 오랫동안 주로 백인 노동자 계층에서 눈에 띄었다. 이번 11월 선거는 새로운 현상을 드러냈다. 유색인종 노동자들 사이에서 공화당 표가 증가했다. 이는 특히 히스패닉계에서 두드러지는데, 노동자와 비노동자를 포함한 라틴계 남성의 55%가 트럼프에게 투표했고 43%가 바이든을 지지했다(2020년에는 바이든이 이 그룹에서 23%포인트 앞섰다).

노동자 계층, 민주당에 등 돌려

사실 민주당은 오랫동안 노동자 보호에 소극적이었다. 이는 1990년대 윌리엄 클린턴이 신자유주의 경제 의제를 채택했을 때부터, 그리고 버락 오바마가 2008~2009년 대공황 기간 동안 집을 잃은 수백만 명을 보호하기보다는 대형 금융기관을 구제하기로 선택했을 때 다시 한번 분명해졌다. 버니 샌더스 상원의원이 지적했듯이, "노동자들을 버린 민주당이 그들에 의해 버려진다고 해서 놀랄 일이 아니다."

샌더스의 말이 틀리지는 않았지만, 그는 노동자의 이탈이 단지 경제적인 이유만은 아니라는 점을 지적하지 않았다. 문화적 이유도 있다. 댄 오스본의 경험이 이를 잘 보여준다.

켈로그사의 정비공이자 2021년 성공적인 파업을 이끈 그는 한 노조원 동료의 설득으로 네브래스카 주의 현직 공화당 상원의원에 맞서 무소속으로 출마했다. 11월 5일, 그는 46%라는 주목할 만한 득표율을 기록했다. 하지만 오스본은 "민주당이 유권자를 우습게 본다"고 느꼈으며, 자신만 그렇게 느끼는 게 아니라고 생각했다.

"공화당이 미국인들의 임금을 보호하겠다는, 즉 구체적이고 현실적인 내용으로 약속할 때 민주당은 사회적, 문화적 이슈와 연관된 특히 성소수자와 같은 사회적 약자를 위해 앞장설 것이라고 뜬 구름잡는 공약을 내놓았다"라고 그는 지적했다.

"민주당은 육류 포장 공장이나 농장, 또는 다른 곳에서 주 80시간을 일하는 사람들이 가장 걱정하는 문제가 무엇인지 몰랐던 것 같다."

민주당이 패배한 문화전쟁, 젠더 이슈

공화당 선거운동이 극단적으로 활용한 성 정체성 문제는 민주당이 패배한 문화 전쟁의 한 예에 불과하다. 反(반)트랜스젠더 공화당 광고는 "카멀라는 '그들'을 위해 싸운다. 트럼프 대통령은 당신을 위해 싸운다"라는 슬로건을 현실감 있게 내세웠다.

심지어 민주당은 언어에 대한 무리한 개입으로 많은 유권자들에게 빈축을 샀다. 상징적인 예가 있다. 라틴 아메리카 출신을 뜻하는 용어로 'Latino(남성)'와 'Latina(여성)'가 있는데도 남녀 모두를 포괄적으로 지칭하는 'Latinx(라틴 엑스)' 사용을 일반화하려는 고집을 내세웠다.

문제는 'Black'이 1960년대와 1970년대 아프리카계 미국인 공동체가 긍지와 자부심의 상징을 담아 만든 용어라면 Latinx는 외부에서 강요된, 즉 자신들이 문화적, 정치적으로 깨어 있고 다양성과 포용성을 위해 일한다고 생각하는 집단의 개입으로 만들어졌다는 점이다.

그러나 히스패닉계의 단 4%만이 자신을 정의하기 위해 이 용어를 사용하며, 약 절반은 이 용어를 들어본 적도 없다. 또한 이 용어를 아는 47% 중 4분의 3은 이 용어를 사용해서는 안 된다고 생각한다. 트럼프가 해리스를 5%포인트 이상 앞선 애리조나주에서 공화당 후보를 2%포인트 이상의 차이로 이기고 상원의원에 당선된 민주당의 루벤 갈레고는 "이 단어를 사용하는 라딘게 정치인들은 대개 부유하고 진보적인 백인 유권자들을 기쁘게 하기 위해서만 그렇게 한다"라고 말했다.

더 일반적으로, 노동자 계층의 상당수는 민주당이 자신들의 존엄성을 무시한다고 생각한다. 이에 해당하는 최고의 사례는 2016년 선거 운동 중 힐러리 클린턴이 했던 발언이다. 힐러리는 트럼프 지지자의 절반을 향해 "인종차별주의자, 성차별주의자, 동성애혐오자, 외국인혐오자, 이슬람 혐오자적 견해를 가진 불쌍한 무리"라고 한 것이다.

트럼프주의로 미국 전부를 정의할 수는 없어

교육받은 민주당원들이 공화당 상대방들보다 더 경멸적인지 여부와 관계없이, 그들의 정당은 많은 사람들에게 '정치적 올바름'(political correctness, 언어와 행동에서 차별과 편견을 줄이고 더 포용적이고 평등한 사회를 만들기 위한 도구), '캔슬 컬처'(cancel culture, 2010년부터 소셜미디어를 통해 확산된, 비난받을만한 행동에 대한 책임을 묻는 현상), '워키즘'(wokeism, 정치적으로 깨어있자는 조어. 아프리카계 미국인 영어에서 처음 사용. 사회적 불평등과 부정의에 대한 인식과 도전을 의미)의 대명사가 되었으며, 이는 당의 엘리트들과 노동자 계층 사이에 생긴 간극을 상징하는 것으로, 실제 선거 결과에도 영향을 미쳤다.

3,000명 이상의 유권자를 대상으로 선거 직후 실시한 조사에 따르면, 해리스를 거부한 이유 중 '중산층을 돕는 것보다 트랜스젠더 같은 문화적 문제에 더 관심이 있어 보인다'는 점이 인플레이션과 이민 문제에 이어 3위를 차지했다. 경합주에서는 이 요인이 투표의 가장 중요한 결정요인이었다.

트럼프주의(포퓰리즘, 국가주의와 보호무역, 반글로벌리즘, 강경이민정책, 언론과의 대립 등)는 미국 역사에서 선례가 없는 것이 아니다. 아메리카 원주민 수탈, 노예제도, KKK(백인우월주의단체, 쿠 클럭스 클랜), 20세기 초의 반이민 연맹, 매카시즘, 조지 월리스와 패트릭 뷰캐넌의 보수주의 운동, 무장 민병대의 발전 등을 생각해보라.

그러나 한편으로 미국의 역사는 평등과 정의를 향한 끝없는 여정이었다. 남북전쟁(1861~1865) 후 노예제가 폐지되고, 1848년 여성들은 세네카 폴스 대회에서 목소리를 높여 참정권을 쟁취하는 길을 열었다.

1950~60년대 시민권 운동은 인종 차별에 맞서 싸운 대장정이었고, 1969년 스톤월 폭동은 동성애자들의 권리 운동에 새로운 전환점을 가져왔다. 노동운동가 유진 뎁스는 노동자들의 권리를 지키며 사회적 불평등에 맞서 싸웠고, 프랭클린 루스벨트는 1930년대 대공황을 극복하기 위한 뉴딜 정책으로 경제적 정의를 추구했다. 2008년 버락 오바마가 미국 역사상 첫 흑인 대통령으로 선출되고, 2012년 재선에 성공한 것은 인종적 장벽을 넘어서는 상징적인 사건이었으며, 미국은 여전히 그 길을 이어가고 있다.

앞으로의 미국은 트럼프주의와 그에 맞서는 다른 전통과 가치들이 충돌하고 경쟁하는 시기를 맞이할 것이다. 트럼프주의는 분명 미국 사회현상의 일부이지만 그것이 미국을 정의하는 전부는 아니다. ㅤLD

크리티크M 8호
『날개를 단 웹툰적 상상력』
권당 정가 16,500원

글·제롬 카라벨 Jerome Karabel
미국 버클리 대학교 사회학 교수

번역·성일권
번역위원

겉으로는 '다자주의', 속으로는 국제 질서 장악

미국의 위선, '규칙에 기반한 질서(RBO)'

국제법과 유엔 헌장의 자리에, 서구 국가들은 국가 간 관계를 평화롭게 한다고 여겨지는 새로운 체제를 내세운다. 불명확하고 견고한 이론적 토대가 없는 이 '다자 질서'는 주로 미국과 그 동맹국들이 세계의 흐름을 장악하려는 것에 목적을 두고 있다.

안세실 로베르 ▌〈르몽드 디플로마티크〉 국제이사

외교관들의 입에서 새로운 표현이 등장하고 있다. 평화를 위협하는 상황에 직면하여 "국제적 규칙에 기반한 질서"(Rules Based Order, RBO)를 수호하는 것이 시급하다는 것이다.(1)

마치 파블로프의 조건 반사처럼, 시방 국가들도 이에 동조하고 있다. 2021년 10월, 워싱턴과 파리는 공동성명을 통해 "국제적 규칙에 기반한 다자주의적 질서를 강화"할 뜻을 밝혔다.

유럽연합은 2022년 3월 전략적 나침반(Strategic Compass, EU의 안보와 방위 정책을 강화하고 향후 5~10년간의 방향을 제시하는 종합적인 전략문서)채택을 통해 유럽연합은 "규칙에 기반한 국제 질서를 수호"하기 위해 "같은 가치를 공유하는 파트너 및 국가들과 관계를 강화하겠다."고 선언했다.(2)

그 뒤 2023년 2월, 아시아 태평양 지역에서의 중국 확장 억제와 지역안정을 목표로 하는, 미국 주도의 '자유롭고 열린 인도-태평양(Free and Open Indo-Pacific, FOIP)' 전략의 일환인 쿼드(Quad-미국, 호주, 인도, 일본 참여) 정상들도 "군사적, 경제적, 정치적 강압으로부터 자유로운 규칙에 기반한 국제 질서를 유지하겠다"라는 결의를 표명했다.(3)

내용이 모호한 RBO, 국제 사회의 또 다른 균열 드러내

겉보기에는 이 표현이 논란의 여지가 없어 보인다. 규칙에 기반한 질서에 반대한다는 것은 곧 법이 보장하는 평화와 안정 대신 무질서와 혼란을 선호한다는 뜻이 아닌가?

그러나 RBO는 국제 합의를 거쳐 수십 년간 역할해온 국제법이라는 표현을 밀어내며 국제 사회의 균열을 드러내는 또 다른 지표로 부상하고 있다.

RBO 개념을 내세운 미국과 서방의 특정 국가 그룹은 법과 질서라는 긍정적 가치를 내세우는 주장과 함께 선한 고지를 점령함으로써 RBO로 인한 국제 사회의 균열을 자신에게 유리하게 유도하려는 목적을 갖고 있다.

하지만 국제법과 달리 그 내용은 모호하다. 정치학자 보아스 리버헤르는 "미국, 호주, 독일, 인도의 RBO 개념은 현저히 다르다. 모두가 RBO에 의한 국제질서의 의미에는 RBO 관련 국가들이 합의하고 지지해온 특정 조항에 따라 활동하겠다는 약속이 포함되어 있으나 그 조항들이 구체적으로 무엇을 의미하는지에 대한 해석은 서로 다르다"라고 지적했다.(4)

일부 국가들(혹은 유럽연합, 독일, 프랑스와 같은 국가들의 연합)은 여기에 유엔(UN) 헌장을 포함시킨다.

반면 호주는 완전 다르다.

RBO를 지지하는 자들은 국제 규범성을 구성하는 다양한 규칙, 특히 비공식적 규칙들을 RBO에 포함하려는 목적을 가지고 있다. 여기에는 디지털 경제, 인공지능, 환경, 대유행병과 같은 아직 국제법의 조약이나 규범이 충분히 마련되지 않은 새로운 도전과제들을 다루는 것이 포함된다. 이러한 문제는 불과 10년

전과 비교도 되지 않을 만큼 훨씬 더 긴급하게 다뤄져야 한다.

그 이유는 문제와 관련하여 다수의 이해관계자들과 그들의 역할이 새롭게 대거 등장했기 때문이다. 어떤 다국적 기업들은 일부 국가보다 강력한 영향력을 갖고 있으며, 이는 제약 회사에서부터 소셜 미디어 거대 기업에 이르기까지 다양하다.

<아침의 규칙>, 2014 - 안나 파르키나

국제 법원의 판례를 주변부로 떠밀어 낸 RBO

또한, 민간 보안 업체, 초국가적 협회 단체 등도 포함된다. 국가들은 개별적으로나 공동 조직 내에서 이러한 영역에 대한 규제가 부재할 때 발생하는 위험에 직면하고 있으며, 이는 그들 자신과 시민들에게도 위험이 된다.

이처럼 유동적인 상황에서 RBO는 일종의 규제의 틀을 마련하려 한다. 그러나 그 윤곽은 여전히 불확실하다. 지금까지 어떤 회의나 국제 회의에서도 이를 종합적으로 다룬 적이 없으며 당연히 주요 방향이나 원칙에 대해 요약된 내용도 없다. 그 기원, 발전, 변형, 다양한 부문 등에 대한 매뉴얼이나 학술 연구도 없다.

더 복잡한 문제는 RBO가 그간 국제적으로 널리 받아들여져 지정학적 여러 국제문제 해결에 도움이 된 공적기준, 즉 조약, 국제 기구의 결의안, 또는 국제 판례 등을 주변부로 밀어낸다는 점이다.

이 공적 기준의 개념은 법적 효력이 다양한 여러 종류의 문서를 포함하고 있다. 이에 관련하여 케임브리지 대학교의 존 듀가드 교수는 "RBO와 국제법의 관계는 거의 연구되지 않았다. 단지 조약의 강제적 규범과 그 기반이 되는 가치들 사이의 연결만을 다루고 있다. 더 나아가 RBO와 국제법이 호환 가능한지, 그리고 어느 것이 우위에 있는지에 대한 관심조차 없다"라고 지적했다.(5)

이러한 괴리와 잠재적 모순은 유럽 외교 및 정부 관계자들 사이에서는 거의 눈에 띄지 않는다. 유럽 외교관들에게 RBO에 대한 견해를 물어보면, 일부는 질문의 의미조차 이해하지 못하며, 유럽의 지도층에서는 유럽연합이나 회원국들, 혹은 유엔 헌장의 공식 성명이나 문서를 언급하기도 한다.

국제적 규칙의 합의를 깨뜨리고 더 큰 위험을 불러올 수도

그러나 미국이나 호주는 다르다. 버락 오바마와 조 바이든 미 대통령은 RBO에 대해 긴 연설을 하면서도 이 국제 질서의 기초가 되는 문서나 국제법 자체에 대해서는 언급하지 않았다. 2022년 6월 2일 〈뉴욕타임스〉에 실린 중요한 기사에서 미 대통령은 러시아의 공격을 RBO에 대한 침해로 묘사했는데, 사실 이는 간단히 유엔 헌장을 위반한 것으로 규탄할 수 있었던 일이다. 같은 해 마드리드에서 열린 북대서양조약기구(NATO) 정상회의 종료 기자 회견에서도 바이든 대통령은 RBO 개념을 장황히 언급했으나 국제법에 대해서는 일절 언급조차 하지 않았다. 듀가드 교수에 따르면 이는 미국이 지정학적 선택을 한 것으로, 이를 통해 파트너뿐 아니라 적대국이나 경쟁국과의 관계를 조율하려는 것이다. 세계의 변화 속도가 빨라지고 이를 통제하기 어려워지는 상황에서 범위가 다소 특정되는 이러한 지정학적 전략은 이해될 수 있다.

그러나 이 전략은 국제 규칙에 대한 의문을 불러일으킬 뿐만 아니라 큰 혼란과 직결될 수 있다. 예를 들어 1945년에 수립되었으나 이미 취약해진 국제 규칙의 합의마저 깨뜨리면 더 큰 위험을 초래할 수 있는 것이다. RBO는 또한 매우 유연하고 조정 가능한 개념이다. 그 이유는 RBO가 일부만 문서화된 규칙에 의존하기 때문이다. 리버헤르는 "위계상 RBO는 국제법을 바탕으로 하면서도, 구속력이 없는 규범, 표준, 다양한 포럼과 협상 내 절차 같은 다른 요소들까지 포함하는 것으로 보인다. 이로 인해 일부 국가들이 반드시 동의하지 않은 규칙과 규범을 이 질서에 포함시킬 수 있다"라고 지적한다.

국가 간 규제 합의의 원칙에 혼란을 초래할 가능성

RBO는 본질적으로 갈등을 유발하는 성격을 안고 있다. 미국은 이 개념을 냉전시기 서구 '자유 세계'의 가치, 즉 시장 경제, 민주주의, 인권 등과 논리적으로 연결하고 있는데,(6) 이는 그러한 가치를 공유하지 않는 이들로부터 반발을 불러올 수밖에 없다.

따라서 국제법이 가치 체계와 상관없이 공통의 절차와 기준을 통해 갈등 해소를 위한 공동의 국제 공간을 창출하려는 데 반해, RBO의 개념적 구조는 본질적으로 분열을 야기하는 요소를 내포하고 있다고 할 수 있다.

따라서 RBO는 국가별 문화적 차이에서 오는 여러 갈등을 합의적으로 규제해야 하는 원칙 사이에 필연적으로 혼란을 야기할 수밖에 없다. 연구자 타라 바르마는 국제적 대화가 전자보다 후자에 초점을 맞춰야 한다고 제안하며, 그럴 때 유엔 헌장이 상정한 더 명확하고 건강한 대화를 이끌어낼 수 있을 것이라고 말한다.

미국이 RBO를 체계적으로 그리고 거의 집요하게 언급하는 것은 대화의 틀과 규칙을 그들이 원하는 방식으로 설정하기 위한 것이며, 그렇게 설정된 규칙은 상황에 따라, 또한 그것을 언급하는 이들의 필요에 따라 얼마든지 탄력적으로 조정된다. 이로 인해 미국이 얻을 이점은 여러 가지다.

첫째, 1990년대에 무력 사용 규범을 어긴 미국의 행위를 정당화할 수 있다. 예컨대, 코소보와 이라크에서 미국의 개입은 유엔 헌장에 위배되고, 특히 대량살상화학무기와 같은 허구를 바탕으로 이루어진 이라크에 대한 무력 침공도 RBO를 내세우면 쉽게 면죄부를 얻고 정당성을 가질 수 있는 것이다.

또한, RBO는 미국이 국제 사회에서 모범적인 역할을 하지 않았다는 사실을 잊게 하는 장점도 있다. 예를 들어, 미국은 18개의 인권 보호 국제 조약 중 5개만 서명했으며, 이는 유럽연합 대부분의 국가가 최소 13개를 비준한 것과는 대조적이다.(7)

이러한 주제에서의 도덕적 훈계는 다소 위선적으로

보인다. 워싱턴은 1982년의 유엔 해양법 협약에 가입하지 않았으면서도, 남중국해에서의 해상 안전 문제와 관련해 중국과 정면으로 대립하고 그 규칙을 주장하고 있다.

미국의 RBO 추진에
공개적으로 반대하는 중국과 러시아

미국은 인권을 언급하지만 국제형사재판소(ICC)에 가입하지 않았으며—이는 물론 중국과 러시아도 마찬가지다—전쟁법에 관한 1977년 제네바 협약의 추가 의정서도 비준하지 않았다. 이에 대해 듀가드 교수는 "국제법의 엄격한 규칙에 따라 스스로를 정당화하기보다는 논란의 여지가 있는 국제법 해석을 지지하는 것이 더 실용적으로 보이는 것같다"라고 분석한다.(8) 듀가드 교수가 언급한 또 다른 이점은 가자지구의 사건에 대한 것이다. RBO를 내세우면 미국의 특정 동맹국, 즉 이스라엘의 공통 규칙에 반하는 행동에 면죄부를 줄 수 있다는 점이다. 중국과 러시아는 RBO의 추진에 즉각 반응하며 UN 내에서 공개적으로 이를 반대했다.

이에 관한 2022년 2월의 중러 공동 선언은 "유엔이 주도하는 국제 구조와 세계 질서"를 언급한다. 베이징은 RBO를 서방과 그 동맹국들이 자신들의 이익을 촉진하기 위해 만든 발명품으로 보고 이에 반대한다. 중국은 공식적으로 "국제법에 근거한 국제 질서"를 고수하며, 소수 국가가 지지하는 이른바 규칙 기반 질서라는 주장을 거부한다. 중국은 일정한 교활함을 띠며 유엔 헌장에서 비롯된 시스템에 애착을 드러내고, 국가 주권과 불간섭 원칙이라는 기본 규범에 중점을 둔 보수적인 헌장 해석을 옹호한다.이는 서방의 권력 남용에 염증을 느끼는 국가들에 매력적으로 비칠 수밖에 없다.

유엔, 파열 위기에 몰려 RBO는 또한 서방의 영향력 상실에 대한 반작용으로도 이해될 수 있다. 서방 국가들은 새로운 개념을 내세워 사건들을 다시 통제하려 한다. 사물을 명명하는 것은 그것을 통제하는 한 방식이다. 따라서 언어적 표현은 종종 열띤 논쟁과 영향력 싸움의 대상이 된다. 예를 들어, 러시아는 크림반도에 대해 '병합'이라는 표현 대신 '편입'이라는 훨씬 중립적인 표현을 사용하며, 이는 본국과 반도의 자발적인 재결합이라는 인상을 준다. RBO와 함께 미국은 수십 년 동안 차지해 온 국제 항공기의 조종석에 계속 앉으려 하고 있다. 이 표현을 많은 사람들이 열정적으로 사용하는 것에 비례해 미국의 권력 집착은 더 드러날 것이다. 주로 서방 국가들이 이 표현을 사용하는 것은 매우 의미심장하다. 정치학자 장-뱅상 올랭드르는 "세계의 분열은 단순히 강대국들의 충돌을 넘어선다"며, 이는 "서사적 충돌"이라고 진단한다. 현재의 논쟁은 다자주의의 기본 규칙을 다루고 있기 때문에, 유엔을 파열 직전으로 몰고 갈 위험이 있다. **ld**

글·안세실 로베르 Anne-Cécile Robert
<르몽드 디플로마티크> 국제이사

번역·박명수
번역위원

(1) 이 글은 필자의 저서 『Le Défi de la paix. Remodeler les organisations internationales 평화의 도전: 국제기구 개편하기』(아르망 콜랭, 파리, 2024)에서 발췌됨.
(2) 「향후 10년 동안 EU의 안보와 방어를 강화하기 위한 전략적 나침반」, 유럽연합 이사회, 2022년 3월 21일, www.consilium.europa.eu
(3) 보아스 리버허, 「규칙에 기반한 국제 질서」, <정치와 안보: CCS 분석>, 제317호, 취리히, 2023년 2월.
(4) 같은 글.
(5) 존 두가드, 「우리 앞에 놓인 신택: 국제법인가 '규칙에 기반한 국세 질서'인가?」, <라이덴 국제법 저널>, 제36권, 제2호, 케임브리지, 2023년 2월 21일.
(6) 길포드 존 아이켄베리, 「자유주의 국제 질서의 종말?」, <인터내셔널 어페어스>, 제94권, 제1호, 런던, 2018년 1월.
(7) 유엔 인권 고등판무관실 웹사이트에서 비준된 조약의 대화형 지도를 참조, https://indicators.ohchr.org
(8) 존 두가드, 앞의 책.

극우로 치닫는 권력에 대한 강렬한 욕구

극중도(extrême centre)의 폭력적인 얼굴

알랭 드노 ▮철학교수

프랑스 대통령 에마뉘엘 마크롱은 국민의회에서 좌파 연합으로 구성된 상대적 다수파에게 새 정부 구성을 맡기기를 거부함으로써, 사회적 요구에 대한 반감을 드러냈고 국민의 정치적 표현을 경시하는 태도를 다시 한번 보여주었다. 그는 대신 국민연합(RN)과 협의하여 보수주의자인 미셸 바르니에를 총리에 임명하여, 이른바 '극단'들이 공통적으로 지닌 특성을 드러냈다. 여기서 극중도와 극우는 모두 폭력에 대한 강한 욕구를 공유하고 있다.

마크롱 대통령은 비상한 홍보 노력으로 자신이 구현하는 '극중도' 정당을 온건하다고 선언하는 데 성공했다. 그를 후원하는 재계 인사들이 소유한 언론 매체들은 그의 프로그램을 지지하는 모든 사람을 '중도주의자'로 포장하는 데 집중하고 있으며, 그들은 이러한 사람들을 합리적이고 이성적이며, 책임감 있고 침착하며, 또한 현명하다고 표현한다.

반대로 이러한 주류 시각에 반대하는 공적 인물이나 시민은 무책임하고 비이성적이며, 편집증적이고 비현실적이며, 위험하고 심지어 미친 사람으로 취급되기도 한다. 2017년 이래로, 일종의 이데올로기 전도자들은 이렇게 분류하면서 이를 당연한 사실로 받아들이도록 만들었다.(1)

그러나 극중도는 극단주의의 일종이다. 생태 파괴는 그 산업적 프로그램이며, 사회적 삶에 대한 인식은 불공평하고 관리 방식은 권위적이다. 극중도는 무엇보다 기업 성장과 주주들에게 지급되는 배당금 증대를 보장하는 것을 목표로 한다. 또한 세금 회피처에 대한 법적 접근을 용이하게 하고, 생태 정치학을 단순한 녹색 마케팅으로 축소하며, 사회적 국가를 해체하고 공공 지출을 최소화하려 한다.

도덕적 관점에서, 극중도의 극단주의는 자신과 다른 모든 것을 배척하는 데 있다. 좌우 축에서 자리를 잡기보다는 그 축 자체를 제거하여 자신의 담론에만 정당성을 부여하려 한다. 거울 속 비난의 게임처럼, 모든 반대를 '극단'으로 분류하여 용납할 수 없는 것으로 여긴다.

모호한 언어로
향후 문제 될 가능성을 방지하려는 꼼수

역사는 종종 희극의 형태로 반복된다. 오늘날의 '극중도'는 역사학자 피에르 세르나가 다룬 '풍향계의 공화국'과는 다르다. 공포정치의 혁명가 로베스피에르가 몰락한 테르미도르 반동 이후, 정치적 냉소주의가 만연할 때, 정치 전문가들은 공공 문제에 있어 절제된 태도를 자랑하면서도, 기회주의적인 태도로 무분별하게 입장을 번복했다.

그들은 신념을 표명하면서도 돌연히 철회하는 모습을 보였고, 약속된 말은 시간이 흐르며 파괴되고, 침식되며, 제한되고, 소모되고, 공허해졌다.(2) 더 이상 입장을 번복하는 것이 아니라, 애초에 입장을 밝히지 않는 것이다. 그들의 모호한 언어는 어떤 명확한 입장을 밝히지 않음으로써 이후에 그것이 문제시될 가능성을 방지한다.

공공 논의에서 희생양을 던져주며 가혹한 조치를 선동하는 극우에 맞서, 극중도는 마크롱을 통해 정체성보다는 사회적인 형태의 비슷한 폭력을 구현한다. 출신에 관계없이 노동자, 저소득층 은퇴자, 교외의 젊은이들, 환경 운동가 등은 모두 상류층의 경멸을 받을 만하다고 본다. 특히 경찰의 공권력 면에서는 마크롱 치하의 '노란 조끼' 시위에 대한 탄압 결과가 처참하다. 손이 절단되고, 사람들이 눈을 잃으며, 얼굴을 향한 총격과 극심한 굴욕의 세션, 언론인에 대한 공격 등 대통령은 프랑스를 전쟁터로 만들었다. 환경 운동가들 또한 같은 폭력을 경험했다. 그들은 마치 국가를 전복하려는 반란군처럼 취급받았다. 그는 왜 그들에게 테러리스트라는 꼬리표를 붙이려 하는가?

체제의 엄격함은 경찰의 폭력에 그치지 않는다. 역사적으로 부르주아 계급은 법적인 우회 통치를 통해 정중한 방식으로 지배를 확립하는 데 익숙해져 왔다. 우선 자본과 그 이해관계자에게 이익이 되는 일련의 세금 정책이 있었고, 이는 공공 재정에 큰 부담을 주었다. 법인세율이 33.3%에서 25%로 낮아졌고, 부유세(ISF)는 금융 자본을 면제하는 부동산 부유세(IFI)로 대체되었다.

배당금과 이자 소득은 소득세의 누진 과세에서 제외되고, 30%로 상한된 단일 세율(PFU) 또는 '평탄세(flat tax)'의 적용을 받게 되었다. 이러한 조치는 2012년부터 2017년까지 '사회주의' 집권기 동안 기업에 제공된 세제 혜택에 추가된 것이며, 그 기간 동안 마크롱은 엘리제 궁에서 경제 자문으로, 베르시에서 경제

<레이몽드와 발레리가 본 것. 내 은퇴는 즐기기 위해 있는 것이지, 흉내 내기 위해 있는 게 아니다>, 2023 - 린다 루

장관으로, 특히 고용 경쟁력 세액 공제(CICE)를 감독했다.

극중도의 폭력성, 극우와 마찬가지로 심각해

최근 몇 년 동안, 극중도는 극우 프로그램에서 직접 나온 듯한 법률들을 통과시켰다. 2017년 10월, 테러 방지와 국내 안보법은 긴급 상황에서만 사용되던 조치를 상시화했다. 2019년 4월, 시위 중 공공 질서를 유지하기 위해 기본권을 임의로 제한할 수 있는 '반(反)파괴법'이 제정되었고, 2024년 초에는 극우 정당 RN의 지지를 받아 통과된 이민·통합·망명법이 있다. 새 내무장관 브루노 레타이오가 이를 더욱 강화하겠다고 제안한 상태다.

상징적으로도 동등한 규모의 폭력이 나타난다. 특히 노동 연령을 64세로 연장하기 위해 의회를 통해 강행한 여러 사례들이 그 예이다. 기업의 비리를 알 권리를 훼손하는 기업 비밀 보호법 역시 그러하다. 모든 경우에 대통령 권력은 공화국의 제도와 법치의 대원칙을 무시할 수 있다는 것을 대놓고 보여주었다.

지난 7년 동안 모든 비판적 목소리는 경멸의 대상이 되었으며, 특히 코로나19 위기 동안 맥킨지(McKinsey)와 화이자(Pfizer)와 같은 기업의 입장에 절대적으로 동조하는 보건 조치에 의문을 제기한 시민들은 더욱 그렇다.(3)

이들 회사는 윤리적 기록이 처참하다. 화이자는 마케팅 사기로 가장 자주 유죄 판결을 받은 미국 기업

중 하나이다.(4) 마크롱 대통령은 실험적 백신의 효과에 의문을 제기하는 사람들을 두고 "그들은 시민이 아니다"라고 언급하며, 자유롭고 명확한 동의라는 의학적 원칙을 무시했다.

프랑스 대통령의 사회적 문제에 대한 혐오감은 코로나19 사태를 공공 보건과 시민들이 누려야 할 병원 서비스와 연관 짓지 않고, 전시 상황으로 규정하는 태도로 이어졌다. 마치 바이러스와의 전쟁을 치르듯, "통행금지", "특별법", "국방회의"와 같은 수단을 동원했다.

그렇다면 극중도의 폭력을 극우의 폭력보다 선호해야 할까? 이 질문은 끝없는 논쟁을 불러일으킨다. 적어도 이 두 폭력이 모두 충분히 심각하여 어느 것도 바람직하지 않다고 결론지을 수는 있다. 흑사병과 콜레라 중 어느 쪽의 위험이 더 큰가를 따지는 것이 무의미하듯이 말이다.

가상의 상황을 상상해보자. 만약 마크롱 대통령의 권력이 극우로 명백히 분류되는 정부에서 비롯된 것이라면, 우리는 어떠한 반응을 보였을까? 만약 극우 성향의 대통령이 시민권을 박탈하고, 방역 규칙에 따르지 않는 이들을 사회적으로 고립시키는 결정을 내린다면, 우리는 이를 어떻게 받아들였을까?

분명히 그 과도함을 상대화하지 않을 것이다. 더 나쁜 권력이 우리를 더 깊은 나락으로 몰아넣을 가능성을 핑계로 그 심각성을 희석하지 않을 것이다. 이러한 남용을 있는 그대로 비난했을 것이다. 그러나 "마크롱-르펜, 마크롱-르펜…"이라는 반복적인 선택 구도는 우리의 통찰력을 흐리게 하고, 그러한 남용에 대해 본래 필요했던 반발을 저지한다.(5)

흔들리지 않는 언론
뿌리깊은 서울신문

한결같이 민중을 대변하는 언론으로 올곧게 나아가겠습니다

'서울신문
서울신문사 1904년 창간

'패배자들의 연합'으로 불리는 마크롱 정부, 극중도 성향 의원들이 핵심 세력

극단적인 정치 성향을 구분짓는 마지막 논거조차 사라졌다. 지난 여름, 여러 선거에서 극우 세력이 집권할 경우, 권력을 언제 잡을지는 알 수 있어도 언제 내려놓을지 알 수 없다는 말이 몇 번이나 반복되었는가? 하지만 '공화주의 연합'이라는 이름으로 좌파가 자유주의 후보들에게 극우를 물리치도록 기회를 내어준 결과, 어떠한 일이 일어났는가?

완고한 대통령이 이끄는 이들 자유주의자들은 선거 패배를 임시방편적인 가짜 다수파로 바꾸려고 시도했다. 현재 '패배자들의 연합'으로 불리는 이 정부를 지지하는 주요 세력 중 하나는 바로 이 극중도 성향의 의원들이다. 그러나 부르주아 세력이 언제 권력을 놓아본 적이 있었던가?

극중도가 더욱 경직되며 폭력을 마다하지 않게 된 반면, 극우는 점차 온건한 입장으로 이동하고 있다. 권력에 대한 유례없는 욕구에 이끌린 국민연합(Rassemblement National, RN)은 한 번도 집권해 본 적이 없다는 사실을 도덕적 청렴함의 증거로 삼고 있다. 이들은 자신들이 순수한 사회적 이상을 대표한다는 인식을 고수하며, 글로벌 초신자유주의와 외국 자본에 반대하는 발언을 통해 이미지를 구축해 왔다. 이러한 과정에서, RN은 '동시에(en même temps)'라는 전략을 사용해, 기업계와 유럽연합에 우호적인 신호를 보내며 자신들의 입지를 강화하려고 한다.

이 과정에서 프랑스 극우는 사회적 변화의 모순적 경향을 따르며, LGBT 권리를 옹호하거나 반(反)유대주의를 비난하는 등의 모습을 보인다. 이는 다른 이들과의 관계가 실질적으로 변했음을 나타내며, RN은 이제 이전보다 명백한 인종차별보다는 외국인 혐오에 가까운 태도를 보인다. 인종차별이 공격적이고 식민주의적 성격을 가지며, 명백한 제국주의와 약탈을 내포하는 반면, 외국인 혐오는 타인에 대한 공포, 때로는 근거 없는 두려움에서 비롯된다.

'대체 이론'과 같은 편집증적 주장에서도 드러나듯이, 타인은 이제 위협으로 인식되며, 그들의 신념, 독특한 관습, 진정성 있는 영성, 고통에 대한 저항이 두려움을 불러일으킨다. 이는 타인의 진입을 차단하거나 배척하려는 것이 애국심, 인종 또는 문화를 지키려는 것이 아니라 현 상태의 유지를 바라는 것과 같으며, 아무 일도 일어나지 않기를 바라는 환상에서 비롯된 것이다.

대통령 다수파 확보를 위해 극우를 이용해 온 극중도는 이제 같은 방식으로 그들과 함께 움직이며 공통된 실천 방식을 찾고 있다. 질서를 유지하기 위해, 스스로 '계몽된' 부르주아 계층의 정당은 극우의 대중적 지지를 자신들에게 유리하게 활용할 수 있다고 믿고 있다. 그러나 이는 결국 극우의 지지 기반을 키우는 담론을 확산하게 될 위험이 있다.

브루노 아마블과 스테파노 팔롬바리니의 분석에 따르면, 두 세력 간에 일종의 묵시적 동맹이 형성되고 있는 것으로 보인다.(6) 이른바 중도라 불리는 이들은 보수 우익에게 이렇게 말한다.

"당신들이 지지를 얻고 있는 대중을 우리에게 제공하라. 그러면 우리는 그들의 지지를 통해 당신들을 우리가 대표하는 급진 자본주의의 본거지로 들여보내겠다."

시인이자 동화작가였던 장 드 라 퐁텐이라면 이 장면을 동물 캐릭터들을 통해 멋지게 풍자하면서, 필연적으로 떠오르는 교훈을 상기시켜 줄 것이다. ⒧ⅅ

글·알랭 드노 Alain Deneault
캐나다 몽튼 대학교 시파간 캠퍼스의 철학 교수. 2024년 『Faire que! L'engagement politique à l'ère de l'inouï 전례 없는 시대에 정치적 참여를 하기 위해!』(Lux, Montréal)를 출간했다.

번역·아르망
번역위원

(1) Marie Bénilde, 「Le candidat des médias 미디어의 후보」, <르몽드 디플로마티크> 프랑스어판, 2017년 5월.
(2) Pierre Serna, 『La République des girouettes. 1795-1815 et au-delà. Une anomalie politique : la France de l'extrême centre 기회주의 공화국: 1795-1815 및 그 이후. 정치적 기형: 극중도 프랑스』, Champ Vallon, Ceyzérieu, 2005.
(3) Alexandre Fauquette et Frédéric Pierru, 「Soignants suspendus, autopsie d'une erreur 정직된 의료진, 오류의 해부」, <르몽드 디플로마티크> 프랑스어판, 2024년 2월.
(4) Wall Bogdanich et Michael Forsythe, 『Pour le meilleur et pour le pire 최고와 최악을 위해』, Buchet Chastel, 파리, 2023. Cf. 또한 「Pfizer: Six scandals to remember 화이자: 기억해야 할 여섯 가지 스캔들」, 2021년 4월 22일, 그리고 https://corporatewatch.org
(5) 「Macron - Le Pen」, Les Goguettes, 2022, www.youtube.com에서 검색 가능.
(6) Bruno Amable et Stefano Palombarini, 『Blocs sociaux, conflit et domination 사회 블록, 갈등과 지배』, Raisons d'agir, 파리, 2024.

<오랜의 멈춤의 기억 n°1>, 2022 - 마흐무드 알하지 _관련기사 26면

DOSSIER

도시에

이스라엘에 접근하면서도 대(大)이스라엘주의를 경계하는

친이 아랍국가들의 '미묘한' 균형 노선

팔레스타인 영토와 레바논에서 벌어지는 비극적인 상황에 대해 근동 및 걸프 국가들이 취할 수 있는 선택지는 다음 세 가지다. 아무런 행동도 취하지 않거나, 외교적으로 행동하는 척하거나, 아니면 이스라엘과 관계를 강화하는 것이다. 그러나 모두가 이스라엘이 이란까지 갈등을 확장할지 모른다는 우려를 품고 있다. 영토 확장을 목적으로 하는 이스라엘의 야욕이 과도할 경우, 자칫 아랍 국가들에까지 번질 가능성을 배제하지 않는 것이다.

아크람 벨카이드 ▌아랍 전문 기자

사태는 이미 어느 정도 결론이 난 듯하다. 민간인들에 대한 전례 없는 폭력과 도시 기반 시설의 파괴에도 불구하고, 대부분의 아랍 국가들은 팔레스타인 주민들을 돕지 않을 것이다. 가자지구, 서안지구, 레바논에서도 마찬가지다.(1) 1970년대에 이집트와 이스라엘 간의 관계 개선 후 형성된 옛 '거부 전선(front du refus, 근동과 중동에서 이스라엘과 평화 협정을 반대하거나 서방의 영향력에 반대하는 아랍 국가나 세력의 연합—역주)'은 각국의 상황으로 인해 분열된 상태다. 알제리의 경우는 지리적 거리, 이라크, 리비아, 시리아, 예멘 등의 경우는 내전이나 국가 붕괴로 인해 전선이 해체되었다. 걸프 왕국들은 유엔(UN) 내 외교적 연대나 미묘한 침묵을 통해 표면적인 연대를 보여주지만, 이곳 지도자들은 이스라엘에 대한 접근, 군사적 열등감 등 복잡한 감정 등이 얽힌 상황에서 자국의 전략적 이익을 지키려는 의도를 동시에 품고 있다.

이스라엘과 우호 관계 유지하면서, 팔레스타인에도 인도적 지원

예를 들어, 아랍에미리트(UAE)는 트럭을 통해 가자지구에 대한 대규모 인도적 지원에 나서고 있다. 그러나 전쟁 이후 가자 관리를 위한 군사 투입을 제안하면서도, 그들의 주요 목표 중 하나는 이스라엘과 좋은 관계를 계속 유지하는 것이다. 2020년 8월 13일 미국의 주도로 체결된 아브라함 협정을 통해 이스라엘과의 관계 정상화를 확인한 아랍에미리트는 이스라엘과 함께 신기술, 방위, 관광 등의 분야에서 공동 프로젝트를 계속 확대하고 있다. 이는 이스라엘의 공습, 가자 및 베이루트의 비극적인 재앙에도 불구하고 군건히 유지되고 있으며, 아랍에미리트 지도자들은 이와 같은 상황에도 동요하지 않는다. 소셜 미디어에서 큰 플랫폼을 보유한 지식인들은 하마스가 자국민의 이익을 해치면서 전쟁을 촉발했다고 비판하고 있는데 이는 사우디 지도자들과 동일한 논조를 보인다.

사우디아라비아는 이스라엘에 공공연한

(1) 「아랍의 침묵」, <르몽드 디플로마티크> 프랑스어판, 2024년 3월호.

<깨지기 쉬운 것 n° 6>, 2020 - 마흐무드 알하지

애착을 드러내진 않지만, UAE와 파트너이자 경쟁자로서 미묘한 관계를 유지하고 있다. 사우디는 공식적으로 이스라엘과의 관계 정상화를 위한 협상을 중단했다고 발표했지만, 이는 상징적인 조치에 그칠 가능성이 크다. 사우디 왕실은 여전히 이스라엘과의 조심스러운 외교적 접근을 유지하며, 미국의 강력한 동맹국으로서 아랍 지역 내 영향력 확대와 경제적 협력을 통한 장기적인 전략적 목표를 우선시하고 있다. 한편, 사우디 내 일부 고위 관리들은 팔레스타인을 공개적으로 지지하면서도, 다른 한편으로는 이스라엘을 향한 조심스러운 접근을 병행하며 미묘한 균형을 유지하고 있다. 이는 사우디 국민과 아랍권의 어론을 의식한 행보로 보인다. 그러나 가사시구와 레바논에서의 인도적 위기와 더불어 이란이 개입할 가능성이 언급되면서, 사우디를 포함한 걸프 국가들은 더욱 신중한 자세를 취할 수밖에 없는 상황이다.

선택지가 제한적인 걸프 국가들

걸프 국가들은 이란과의 잠재적 충돌을 피하고 싶어 하며, 이스라엘의 군사력이 확대될 경우 자국 안보가 취약해질 가능성에 대해서도 깊이 우려하고 있다. 결국 이처럼 복잡한 상황에서 걸프 국가들이 취할 수 있는 선택지는 제한적이며, 이들은 외교적 수사나 제한된 인도적 지원을 통해 책임을 피하려 하거나, 이스라엘과의 관계를 강화하는 방향으로 움직일 가능성이 크다.

물론 사우디아라비아는 이스라엘에 대한 애정이 이웃 국가보다는 덜하다. 이웃 국가 이스라엘은 사우디에게는 협력 파트너이면서 동시에 경쟁자 역할을 하고 있다. 공식적으로 사우디아라비아는 이스라엘과의 관계 정상화 협상을 중단했으나(2), 사우디의 주장과 달리, 안보 측면에서의 직접적인 접촉은 여전히 이어지고 있다. 인

(2) Hasni Abidi와 Angélique Mounier-Kuhn, 「리야드-텔아비브, 정상화에 제동」, <르몽드 디플로마티크> 프랑스어판, 2023년 11월호.

(3) Marc Pellas, 「바레인을 지배하는 납의 군주국」, <르몽드 디플로마티크> 프랑스어판, 2021년 11월호.

(4) Marie Jordac, 「사드 하리리의 기묘한 감금」, <마니에르 드부아르> 프랑스어판 174호, <레바논, 1920~2020, 격동의 한 세기>, 2020년 12월~2021년 1월호.

(5) Fatiha Dazi-Heni, 「중동에서 아랍에미리트의 위험한 승부수」, 2024년 10월 14일, https://orientxxi.info

(6) Marwa El-Shinawy, 「네타냐후, 대이스라엘 계획을 부활시키다」, 2024년 10월 15일, https://www.dailynewsegypt.com

구 50만 명의 국민과 250만 명의 외국인이 거주하는 아랍에미리트는 이스라엘에 대한 적대감을 표현하지 못하도록 쉽게 억제할 수 있지만, 사우디아라비아는 3천6백만 명의 인구 중 상당수가 팔레스타인 지지 성향을 가지고 있어 이를 신경 써야 한다. 최근 사우디아라비아 당국은 이스라엘을 비판하는 설교를 한 여러 이슬람 성직자들을 체포했다. 이들 일부 이맘의 설교는 반유대주의적 성향을 띠기도 했다. 한편, 아브라함 협정에 서명한 사우디아라비아를 추종하는 바레인은 국민적 분노를 진정시키기 위해 이스라엘과의 상업적 교류를 일시적으로 중단했다. 이러한 조치는 2011년과 유사한 민중 봉기가 발생할 가능성을 낮추기 위한 것이다.(3)

사실상 이 세 경우 모두에서 지도자들은 지역 내 세력 균형의 변화를 관심 있게 지켜보고 있다. 하마스와 헤즈볼라가 동시에 약화되는 것은 팔레스타인 정당 하마스가 속한 무슬림 형제단과, 이란 이슬람 공화국과 동맹을 맺은 시아파 민병대인 헤즈볼라에 모두 적대적인 이들 아랍 군주국들에게 유리하게 작용한다. 2017년 11월, 레바논 내에서 '헤즈볼라(하나님의 당)'에 맞설 수 있는 수니파 무장 세력을 결성하여 내전을 유발하라는 요구를 거부했던 사드 하리리 전 레바논 총리가 사우디의 리야드에서 감금되었다가 그 뒤 프랑스의 중재로 풀려난 사건이 이런 맥락에서 인용된다.(4) 당시 사우디 위성 방송인 알아라비야(Al Arabiya) 화면에 초췌한 얼굴로 나타난 하리리는 헤즈볼라가 레바논 정치에 미치는 지배력을 비판하며 "이란의 영향력이 레바논 지역에서 제거될 것"이라고 선언했다. 이 예언은 주로 무함마드 빈 살만 사우디 왕세자의 집착을 반영한 것으로, 이 예언은 7년 후 이스라엘 군대 덕분에 실현되었고, 이

는 걸프 왕국들에게 큰 만족을 주었다. 특히 하마스와 무슬림 형제단과의 관계로 자주 비판받는 카타르조차도 이란의 영향력이 약화되는 것을 긍정적으로 바라보고 있다.

하지만 이들 걸프 왕국들은 이스라엘이 테헤란을 공격해 "작업을 마무리"하는 것을 바라지 않는다. 특히 아랍에미리트를 필두로 한 각국은 그로 인해 자신들이 감수해야 할 위험이 너무 크다는 것을 알고 있다. 만약 이란이 공격을 당한다면, 이란 혁명수비대는 걸프 이웃 국가들에 보복할 것이며, 몇몇 미사일만으로도 두바이 같은 도시를 전기와 식수가 부족한 상태로 만들 수 있다. 이는 두바이의 관광 산업에 큰 타격을 줄 것이며, 그로 인해 두바이 경제는 심각한 피해를 입게 될 것이다. 이러한 이유로 모든 걸프 국가들은 미국이 베냐민 네타냐후 이스라엘 총리의 전쟁 열망을 억제해주도록 요구하고 있다. 아랍에미리트의 무함마드 빈 자예드 왕세자는 이와 관련해 9월 23일부터 26일까지 워싱턴을 공식 방문했다. 조 바이든 미 대통령은 이 방문 기간에 아랍에미리트를 미국의 주요 방위 파트너로 격상시켰고, 아랍에미리트 언론은 이를 자국이 세계 무대에서 전략적으로 중요한 위치에 있다는 인정으로 받아들였다.(5)

이집트, 이스라엘의 가자지구 식민지화를 가장 경계

이집트에서도 같은 우려가 존재하지만, 상황에 대한 전략적 접근은 다르다. 2023년 10월 7일 저녁, 이집트는 가자지구에서 이스라엘의 군사 개입이 있을 때마다 그랬듯이, 즉각적으로 휴전을 위한 중재를 제안했다. 이집트 지도부는 수십만 명의 팔레스타인 난민이 시나이 반도로 추방되는 것을 막기 위

해 모든 노력을 기울이고 있다. 카이로에서는 중동 지역 다른 곳과 마찬가지로, 긴 역사의 기억이 여전히 남아 있어 이들 난민이 가자지구로 돌아오는 것이 불가능하다는 점을 잘 이해하고 있다. 이같은 상황은 이집트에 정치적 문제, 나아가 정권에 불안을 초래할 수도 있다. 압델 파타 알시시 이집트 대통령과 그의 정부가 하마스의 '모험주의'를 비판했지만, 그 붕괴를 기뻐만 한 것은 아니다. 이집트의 입장은 실용적이며, 하마스를 대체할 정치적 세력이 없는 가자지구 상황에 기반을 두고 있다.

이집트 지도부는 팔레스타인 자치 정부에 대한 신뢰가 완전히 사라졌음을 알고 있으며, 그들의 영향권에 속한 지역에 국제적 평화 유지군이 개입할 가능성을 우려하고 있다. 이집트의 관점에서 하마스의 존재는 이스라엘을 '억제'하고, 중재 능력을 통해 카이로에 전략적 역할을 부여하는 긍정적 요소로 작용해 왔다.

그러나 2023년 10월 7일 벌어졌던 팔레스타인의 공격이 지난 지 1년, 이스라엘은 가자 남쪽 국경을 장악했고, 이는 이집트와 몇십 년 동안 없었던 새로운 대치 상황을 만들었다. 만약 이스라엘 정착민들이 다시 팔레스타인 가자지구에 정착한다면, 이스라엘 네타냐후 정부는 국경 안전을 더욱 강화할 것이고, 이집트는 이러한 요구에 순응해야 하는 불편한 상황에 놓이게 될 것이다.

이스라엘의 대이스라엘주의, 시나이 반도에 전쟁 먹구름 부를 수 있어

사실, 이집트를 가장 우려하게 만드는 것은 이스라엘의 과도한 야망이다. 리쿠드당과 극우 정당의 일부 구성원들이 가자지구를 식민지화하고 '대이스라엘'을 건설하자는 집회를 열었다는 소식은 카이로에서 우려를 자아냈다. 이스라엘의 이타마르 벤그비르 국가안보부 장관과 베잘렐 스모트리치 재무장관이 이러한 주장을 반복해 온 셈도 마찬가지다. 이들은 각각 국가안보와 재정을 책임지는 이스라엘 네타냐후 총리의 장관들로, 성경 해석에 따라 레바논, 시리아, 이라크, 요르단, 사우디아라비아의 일부, 그리고 시나이 반도를 포함한 이집트 동부를 아우르는 국가를 주장하고 있다. 최근 몇 주 동안, 여러 이집트인들은 대이스라엘 지도를 그린 휘장을 착용한 가자지구에서의 이스라엘 군인들의 이미지를 캡처해, 소셜 미디어에 공유했다.

이라크나 사우디아라비아에서는 이스라엘인들이 자국 영토 일부를 병합하려는 꿈을 꾸고 있다는 사실에 당장은 큰 반응이 없지만, 레바논에서는 여전히 초기 시오니즘 운동이 남부 레바논을 포함시키려 했던 기억이 남아 있다. 이집트에서는 더욱이 이스라엘과 1970년대 말 평화 협정을 맺은 것을 여전히 수용하지 못하는 엘리트층이 많으며, 일반 대중의 많은 부분에서도 이스라엘에 반감을 갖고 있는 상황이다.(6) 이집트 엘리트들은 네타냐후 이스라엘 총리의 극단적인 전쟁 행보와 이스라엘 동맹들이 주장하는 새로운 영토 정복 요구에 대해 우려하고 있다. 현재 이집트 군부의 수뇌부에서는 방어 강화의 필요성에 대한 논쟁이 일어나고 있으며, 이는 잠재적으로 시나이 반도의 사전 재무장을 동반할 가능성도 제기된다. 중동에서 전쟁의 전선은 확대될 준비가 되어 있는 듯하다. **Ld**

글·아크람 벨카이드 Akram Belkaïd
알제리 출신의 언론인이자 작가. 주요 저서로는 『알제리를 향한 조용한 시선(Un regard calme sur l'Algérie)』 (2005)와 『오늘날 아랍인이라는 것(Être Arabe aujourd'hui)』 (2011) 등이 있으며, 주로 중동과 북아프리카 지역의 정치 및 사회적 문제를 다루고 있다.

번역·아르망
번역위원

더 거세진 저항 불씨 속에, 더 급진적 지도부 등장 기대

나스랄라 암살 이후의 헤즈볼라

헤즈볼라 지도자 나스랄라는 팔레스타인 가자지구에서의 휴전을 가속화하기 위해 이스라엘에 군사적 압박을 가하려 했지만, 그 대가로 목숨을 잃었다. 지역 내 세력 균형을 잘 평가하는 능력으로 존경과 두려움을 동시에 받았던 그는 2006년 전쟁에 대한 이스라엘의 복수 의지를 과소평가했다. 그의 정당이 크게 약화된 것은 사실이나, 헤즈볼라가 사라진 것은 아니다.

아담 샤츠 ▮언론인

2024년 9월 27일, 레바논 헤즈볼라의 사무총장이자 종교 지도자인 하산 나스랄라가 이스라엘군의 공습으로 사망했다. 다음날, 9월 28일 헤즈볼라는 그의 사망을 공식 발표했다. 이날은 범아랍주의의 아버지로 불리는 이집트 대통령 가말 압델 나세르가 1970년 심장마비로 사망한 날이기도 하다. (그의 죽음은 이스라엘이 서안지구, 동예루살렘, 가자지구, 골란고원, 시나이를 점령하게 된 1967년 6일 전쟁, 즉 아랍어로 '후퇴'를 뜻하는 '낙사' 이후에 있었음.)

나스랄라는 베이루트 남부 외곽 하렛 흐레이크에 위치한 헤즈볼라 본부에 대한 이스라엘 공군의 집중적인 폭격으로 목숨을 잃었다. 그의 사망 몇 시간 전 이스라엘 총리 베냐민 네타냐후는 유엔 총회에서 헤즈볼라를 "반유대주의의 고통스러운 중심"이라 칭하며 레바논에서의

<사격장 365 n°1>, 2022 - 마흐무드 알하지

공격을 이어가겠다고 선언했다. 그는 나스랄라를 단순한 테러리스트가 아니라 "궁극의 테러리스트"라고 불렀다.

조 바이든 미국 대통령은 나스랄라의 죽음을 놓고 "1983년 베이루트에서의 미국 대사관과 해병대 막사 폭탄 테러 이후 모든 헤즈볼라 피해자들에 대한 정의의 일부를 실현한 것"이라고 말했다. 카멀라 해리스 부통령은 나스랄라를 "미국인의 피를 묻힌 테러리스트"라고 비난했다.

이는 네타냐후와 그의 동료들이 가자에서 수만 명의 민간인을 학살하고 인구의 90% 이상을 강제로 내쫓은 것에 대한 책임은 아예 의식조차 못하는 발언이었다. 또한 서안지구에서 이스라엘 정착민들이 자행한 공격과 파괴, 그리고 남부 레바논과 베카 계곡, 베이루트 폭격 등에 대해서는 어떤 언급도 없이 한 발언이었다. 서구의 도덕적 계산에서는 아랍인의 피가 미국인이나 이스라엘인의 피와 동일한 가치를 지니지 않는 것처럼 보인다. 레바논 지지자들과 反서구의 많은 이들에게 나스랄라는 단순한 '테러리스트'가 아니라 미국과 이스라엘의 중동 야망에 맞서는 정치 지도자이자 저항의 상징으로 기억될 것이다. 헤즈볼라는 여전히 서구 이익에 맞서는 군사조직과 공격으로 유명하나, '신의 정당'과 그 지도자는 레바논 내전(1975~1990) 이후 복잡한 진화를 겪어왔다.

나스랄라, 이스라엘 지도자들의 테러 방식 모방해 보복

이와 비슷하게, 네타냐후의 정당 리쿠드의 전 지도자였던 메나헴 베긴과 이츠하크 샤미르도 정치 경력을 테러리스트로 시작했다. 베긴은 1946년 예루살렘의 킹 데이비드 호텔을 폭파해 무려 91명의 민간인을 죽음으로 몰았고 샤미르는 1948년 유엔의 팔레스타인 특사였던 폴케 베르나도트를 납치하여 암살했다. 진보 시온주의자들에게 평화의 주역으로 숭배받는 이츠하크 라빈조차도 1948년 수만 명의 팔레스타인인을 리다와 람레, 그 주변 마을에서 강제로 추방하는 일을 감독했다.

폭력을 정치로 전환하는 과정에서 나스랄라는 이스라엘의 급진 시온주의자들이 자행해온 테러의 여정을 면밀하게 연구하며 그대로 모방했다. 나스랄라는 1992년 이스라엘에 의해 전임 지도자 셰이크 아바스 무사위가 암살된 후 31세의 나이에 헤즈볼라의 수장이 되었다.

당시 그는 헤즈볼라의 주요 조직인 슈라 평의회의 핵심 인물 중 하나였지만, 아직 운동권 외부에서는 그다지 알려지지 않았다. 무사위보다 더 주목받는 위치에서 중요한 인물로 평가 받아온 나스랄라는 지난 30년간 중동을 움직여온 역사적 지도자 중 하나로 자리매김했다.

그는 이란의 충실한 동맹이면서 이슬람 성직자가 나라를 이끌어야 한다는 이란의 최고지도자 이론, 즉 '벨라야테 파키'를 신봉했으나, 미국-이스라엘 이중 국적의 언론인 제프리 골드버그가 2002년 시사주간지 〈뉴요커〉에서 언급한 '이념적 광신자'와는 거리가 멀었다. 그는 종교적 열정에 휘둘리기보다는 이성적인 계산을 하는 인물이었다. 나스랄라는 레바논인, 특히 시아파조차 광신적인 종교집단이 아니라는 사실을 이해하고, 레바논에서의 이슬람 국가 건설은 당분간 실현 불가능하다는 점을 명확히 인식했다. 그는 자신의 지지자들에게조차 이슬람 종교규범을 강요하지 않았다. 그의 기반인 베이루트 남부 외곽에서 여성들은 자유롭게 옷을 입을 수 있었고, 종교 경찰의 간섭도 없었다.

헤즈볼라가 2000년 레바논 남부를 해방한 후, 나스랄라는 이스라엘에 협력한 기독교인들에게 보복하지 않을 것이라고 발표했다. 범죄자들은 국경으로 인도되어 이스라엘 당국에 인계되었지만, 시아파 협력자들은 보복에서 벗어나지 못했다.

그는 2012년 시리아 내전 당시 반정부 시위를 잔혹하게 진압한 바샤르 알 아사드 정권을 지원하면서 많은 지지자들로부터 반감을 샀다.

그러나 그 이전에는 이스라엘과 레바논의 34일간 전쟁을 이끌며 2006년 휴전까지 오는 동안 그는 마지막 아랍 민족주의자로 여겨졌다.

그는 전장에서 헤즈볼라가 거둔 성과를 자랑스럽게 여겼지만, 이스라엘이 자행한 폭격의 잔혹함에 충격을 받았고, 적지에서 벌인 인질 납치 작전으로 이스라에 레바논 전체를 파괴할 구실을 제공했다는 것을 인정할 수밖에 없었다. 그는 다시는 이런 실수를 반복하지 않기로 다짐했다.

시리아 알사드 정권 편든 이후 명성에 먹구름

이스라엘만이 그의 적은 아니었다. 그는 레바논에서도 논란의 인물이었다. 1980년대 레바논 공산주의자 암살에 가담했으며 서구 이익을 겨냥한 인질 사건에도 연루되었다는 소문이 있었다. 헤즈볼라가 '국가 안의 국가'로 성장하면서 그의 적들은 레바논 내에서도 늘어났다. 그는 1985년 자신이 비판했던 정치-종교 시스템을 이용해 반대 세력을 위협하거나 때로는 암살하기도 했다.

예를 들어, 2021년 2월 4일에 암살당한 시아파 비평가이자 언론인 록만 슬림이 그 대상이었다. 헤즈볼라는 또한 2005년 전 총리 라피크 하리리 암살에서부터 2020년 베이루트 항구 폭발에 이르기까지 레바논을 강타한 주요 사건들과도 연관이 있었다. 나스랄라는 자신의 운동을 지역 정치 시스템에 통합하려고 노력했지만, 부패 문제로 큰 논란을 일으켰던 여러 사건의 조사를 방해하는 데에도 가담했다.

심지어 2019년 금융 붕괴 이후 몰락한 레바논 중앙은행 총재 리아드 살라메를 옹호하기까지 했다. 헤즈볼라의 통합이 지역 정치 시스템에 기여했다고 그는 믿었을지 모르나, 비판자들은 이 시스템이 신의 정당을 부패시키고 지도자의 명성을 깎아내릴 것이라고 예견했다. 나스랄라의 결정 중 헤즈볼라의 명성에 가장 큰 타격을 준 것은 2013년 시리아 내전에 바사르 알-아사드 독재 정권의 무자비한 폭력을 지원한 일이다. 따라서 아사드 정권의 희생자들이 헤즈볼라의 최근 패배를 반기는 것은 당연했다. 나스랄라이 아사드를 지원한 동기는 아마도 실용적이었을 것이다. 비록 독재자이나 '저항의 축' 일원이었던 아사드가 만약에 내전에서 패배한다면 시리아 국경을 통해 이란에서 레바논으로 무기를 운반해야하는 시아파 민병대에 큰 타격을 줄 수 있다는 점도 고려되었던 것이다. 또한 시리아 반군 내에서 수니파 지하디스트들의 영향력이 커진 것도 헤즈볼라에게는 위협이었다. 그럼에도 불구하고 나스랄라의 헤즈볼라가 시리아 아사드 정권의 잔혹한 진압을 편든 것은 많은 이들에게 용서받지 못할 일이었다.

나스랄라의 결정은 아사드 정권을 지키는 데 기여했고, 헤즈볼라와 러시아 간의 관계 강화에도 기여했다. 그러나 이는 1960년대 당시 이집트 대통령 나세르가 '베트남'이라 부른 북예멘 내전에 이집트가 개입했을 때처럼 치명적이었다. 헤즈볼라는 수천 명의 전투원을 잃었고, 다른 아랍인들에 맞서는 반란 진압 세력으로 변모했다.

헤즈볼라는 시리아와 러시아 정보기관과 협력한 이후, 아이러니하게도 미국과 이스라엘의 공격에 더 취약해졌다. 2006년 전쟁에서는 시아파 전사들이 이스라엘군과 직접 맞섰지만, 시리아에서의 전술은 민간인 피해를 방지하려는 고려가 부족해 보였다.

나스랄라의 오판, 네타냐후에게 반격의 빌미 줘

2006년 이후 헤즈볼라는 1967년 제3차 중동전쟁 때 이스라엘에 점령된, 주로 골란고원 내 체바 농장 지역에서 이스라엘군과 간헐적인 충돌을 벌였으나, 그 외에는 상대적으로 평온한 국경 상태가 이어졌다. 이러한 상황은 2023년 10월 8일, 나스랄라가 하마스와 가자 주민을 지원하기 위해 "북부 전선"을 열겠다고 결정하면서 급변했다.

이스라엘의 모든 논평가들은 헤즈볼라가 의도적으로 이 갈등을 부추겼다고 주장했다. 나스랄라는 이스라엘-아랍 갈등을 국가별로 나눌 수 없는 하나의 현실로 보았고, '저항의 축'에 대한 책임을 다하는 것은 가자 지구에 대한 압박을 줄이는 것이라고 여겼다. 서방에서는 이스라엘 북부에 대한 헤즈볼라의 공격을 테러리즘으로 비난했지만, 많은 팔레스타인인들은 이를 아랍 지도자들이 침묵하는 가운데 가자 지구에 대한 지원으로 환영했다.

나스랄라는 군사 인프라만을 겨냥한 공격으로 민간인 피해를 최소화함으로써 가자 지구에 대한 실질적인 지지를 보이면서도 이스라엘이 하마스와 휴전 협정에 서명하도록 압박하려 했다. 그는 대부분의 레바논인들이 이스라엘과의 전쟁을 원치 않는다는 점을 알았고, 특히 많은 시아파와 이란의 동맹국들이 헤즈볼라의 무기를 이란 방어에 쓰일 수 있도록 보존하기를 원했다. 나스랄라는 이 전략이 가자 지구에서의 이스라엘 공격을 종식하기 위한 최선이라 강조했으며, 이스라엘과 하마스 간의 휴전이 이루어지면 헤즈볼라도 로켓 공격을 중단할 것임을 밝혔다.

과거에 나스랄라는 아랍 세계와 이스라엘 지도자들로부터 그들의 실제 의도를 읽어내는 능력으로 존경을 받았지만, 이번에는 적을 잘못 판단했을 뿐만 아니라 힘의 균형에 대해 어이없는 판단의 순진함을 드러냈다. 헤즈볼라가 이웃 남쪽의 이스라엘과 상호 억제 상태를 만들어냈지만, 이스라엘은 이를 마지못해 수용했을 뿐이었다. 2023년 10월 8일, 팔레스타인과의 연대라는 명목으로 로켓을 발사하여 이스라엘 북부와 가자 지구를 연결하려 한 나스랄라는 사실상 네타냐후에게 2006년 이후 국경에서 '게임의 규칙'을 재정립할 구실을 제공하고 말았다.

지난해 10월 7일 공격 직후, 이스라엘 국방부 장관 요아브 갈란트는 하마스가 아닌 헤즈볼라를 먼저 공격하길 원했지만, 네타냐후는 그의 조언을 거부했다. 그러나 2006년부터 이스라엘이 준비해온 시아파 민병대와의 전쟁은 여전히 네타냐후 총리의 주요 관심사로 남아 있었다. 11개월 동안 이스라엘은 남부 레바논을 맹렬히 폭격하여 수백 명의 사망자를 냈고, 약 10만 명이 집을 떠나도록 강요했지만, 이는 국경 반대편 이스라엘인들의 소규모 이주보다 서방의 관심을 덜 받았다.

국경 지역에서 일어난 공격의 약 80%는 이스라엘 군에 의한 것이었다. 이 불균형 또한 미국 언론에 거의 주목받지 못했다. 아랍인들이 이스라엘의 폭력으로 피난을 가야 할 때, 이는 서방 언론에 의해 자연재해처럼 축소되었다.

올해 9월 17~18일 발생한 삐삐와 무전기 공격은 나스랄라와 헤즈볼라가 이스라엘의 직접적인 표적임을 보여주었다. 이러한 공격은 시아파 민병대의 통신 시스템을 파괴했을 뿐만 아니라 이스라엘의 침투 규모를 드러내고 조직을 마비시켰다. 이후 베이루트에 대한 치명적인 폭력은 전쟁 이후 어떤 날보다도 많은 사상자를 냈으며, 결국 나스랄라와 헤즈볼라 고위 지도부 대부분이 사망에 이르렀다.

헤즈볼라가 입은 타격, 이란에게는 굴욕

현재 레바논에는 약 120만 명의 피난민이 있으며, 사망자는 2,000명이 넘는다. 네타냐후는 올해 10월 8일 자신의 X계정(구 트위터)을 통해 레바논 정부에 헤즈볼라를 제거하지 않으면, 레바논이 "가자에서 우리가 본 것과 유사한 파괴와 고통을 겪게 될 것"이라고 경고했다. 동시에 이스라엘의 강력한 지지자들은 해외에서 "이스라엘이 레바논을 침공하는 것이 아니라, 해방하는 것"이라고 주장했다. 이같은 왜곡은 베르나르-앙리 레비의 트윗 내용을 따른 표현이다.

1982년 이스라엘의 레바논 남부 침공도 "갈릴리의 평화 작전"이라는 이름으로 대중에게 발표되었지만, 이 작전은 당시 팔레스타인 저항 세력을 완전히 제거하는 데 실패하고, 오히려 더 강력한 무장 조직인 헤즈볼라를 탄생하게 했다. 마찬가지로, 2006년 전쟁에서 이스라엘이 남부 레바논과 베이루트를 폭격하는 동안, 당시 미국 국무장관이었던 콘돌리자 라이스는 이를 "새로운 중동이 탄생하는 고통"이라고 표현했다.

이스라엘은 선택의 여지가 없었다고 주장하지만, 이는 명백히 사실이 아니다. 이스라엘은 가자 지구에서의 휴전을 성사시키기 위해 노력할 수 있었고, 또한 나스랄라가 승인한 프랑스-미국 제안인 레바논 내 21일간의 전투 중단 제안을 받아들일 수도 있었다.

이는 헤즈볼라가 리타니 강 이남으로 철수할 수 있게 하는 제안이었다. 9월 26일, 미국 정부의 국가 안보 문제 대변인인 존 커비는 이 제안에 대해 "이스라엘을 포함해서 서명 당사자들이 면밀한 협의를 거쳐 만든 것"이라고 강조했다.

그러나, 네타냐후는 가자 지구에서의 협상 때와 마

찬가지로 미국에 휴전 제안을 하면서도 사실은 이를 지킬 의도가 전혀 없었고, 오히려 해당 협상을 진행하던 지도자들을 암살하려는 음모를 꾸몄다. 이는 7월 31일 테헤란에서 살해된 하마스의 전 정치국장 이스마일 하니야와 그 뒤에 암살된 하산 나스랄라에게도 해당된다.

헤즈볼라 내부에서 개인 우상과 같은 체제가 설계되어 있지 않았음에도 불구하고, 나스랄라의 지도자로서의 역량은 명확히 증명되었고, 그의 죽음은 헤즈볼라에 막대한 타격을 입혔다. 또한 이는 이란에도 굴욕적인 타격이었다. 10월 1일, 나스랄라와 하니야의 암살에 대한 명백한 대응으로 이란은 예고 없이 이스라엘에 약 200발의 탄도 미사일을 발사했으나, 피해는 크지 않았다.

일부 군사 기지를 겨냥하였으나 오히려 요르단강 서안에서 한 명의 팔레스타인인이 사망했다. 2024년 4월의 이란 공격이 대부분 미국의 지원으로 요격되었을 때, 바이든 미 대통령은 이스라엘에 이를 승리로 간주하고 더 이상의 대응을 자제할 것을 권고했다.

나스랄라 후계 세대, 헤즈볼라 재건의 과제

그러나 미국은 이번에 네타냐후에게 이란의 유전이나 핵시설을 공격하지 말 것을 요청하는 데 그쳤다. 이스라엘이 이를 지킬 것인지는 분명하지 않으며, 이스라엘이 종종 미국의 지시를 무시해온 점을 고려하면 안심할 수 없다.

이스라엘의 갈란트 장관은 10월 9일에 게시한 비디오에서 "우리의 공격은 치명적이고 정밀하며, 무엇보다도 놀라울 것이다. 그들은 무슨 일이 일어났는지조차 이해하지 못할 것이며, 단지 결과만을 목격하게 될 것이다"라고 경고했다.

이스라엘이 특정 전략적 목표를 공격하더라도 이는 이란의 핵 프로그램을 중단시키지 못할 것이다. 이스라엘 핵 역사가인 아브너 코헨은 하아레츠에서 이란의 핵 프로그램이 여러 장소에 분산되어 있으며, 일부 시설은 지하에 깊숙이 위치해 있어 "분산되어 있고 상대적으로 쉽게 이동할 수 있다"라고 주장했다.

10월 3일, 네타냐후 정부는 나스랄라의 후계자로 거론되었던 사촌 하셈 사피에딘과 그 후임자까지 암살했다. 수많은 레바논 민간인, 특히 시리아 난민들이 시리아 국경을 넘고 있다. 틱톡(TikTok)에서는 이스라엘 병사들이 레바논 남부, 베카 계곡, 베이루트 남부와 중심부에서 마을과 건물을 파괴하는 장면을 기념하는 영상이 확산될 것이다. 10월 7일 기념일에는 이스라엘에서 전국적 애도의 물결과 복수의 기쁨, 그리고 그들의 억제력의 회복에 대한 자부심이 섞인 반응이 이어졌다.

하지만 이러한 환희는 오래가지 않을 것이다. 레바논과 가자 지구에서의 갈등은 점점 더 소모전으로 이어질 가능성이 높고, 하마스의 전사들은 여전히 이스라엘 군대에 저항하고 있기 때문이다. 베트남 전쟁 동안 프랑스와 미국이 튀니지와 캄보디아를 각각 폭격했던 것처럼, 레바논에 대한 이스라엘의 공격은 일시적인 위안만을 가져올 가능성이 높다. 헤즈볼라는 천천히 재건될 것이며, 암살된 지도자들은 새로운 세대의 급진화된 지도자들로 대체될 것이다. 이들은 이스라엘의 레바논 공격으로 인한 시신, 부상자, 대규모 이주 등 21세기 가장 강력한 폭격 중 하나에서 발생한 참상을 기억할 것이다.

하산 나스랄라의 죽음은 그의 운동에 1967년 나세르의 패배만큼이나 굴욕적인 후퇴를 안겼으나, 굴욕은 저항을 키우는 불씨가 된다. ID

글·아담 샤츠 **Adam Shatz**
격월간지 <The London Review of Books> 미국 담당 편집장. 『프란츠 파농: 혁명의 삶』(La Découverte, 파리, 2024년) 저자.

번역·김주현
번역위원

네타냐후의 피비린내 나는 승리

지난 1년 동안 이스라엘은 하마스와 헤즈볼라의 지도자들인 야히야 시누아르, 이스마일 하니야, 하산 나스랄라를 잇달아 제거하는 작전을 수행했다. 네타냐후 이스라엘 총리는 유리한 휴전을 고려하기보다는 전쟁을 계속할 뜻을 고수했다. 이제 한 가지 질문이 남는다. 그는 이란을 겨냥한 대규모 작전에 미국을 끌어들일 것인가?

질베르 아슈카르 ▌런던 대학교 교수

지난 한 해 동안 이스라엘은 하마스와 헤즈볼라의 지도자인 야히야 시누아르, 이스마일 하니야, 하산 나스랄라 등 적대세력의 여러 주요 인물들을 잇달아 제거했다. 이스라엘의 총리 베냐민 네타냐후는 유리한 입장에서 휴전을 고려하기보다는 전쟁을 계속할 의사를 보인다. 그러나 한 가지 의문이 남는다. 그는 미국이 직접 개입하지 않을 수 없는 대규모 작전을 감행할 것인가?

최근 몇 달간 네타냐후 총리의 국내 위상이 눈에 띄게 회복된 것에서 그의 놀라운 정치적 회복력이 보인다. 이는 그가 오랜 기간 권력을 유지할 수 있었던 이유이기도 하다. 네타냐후는 지난 봄부터 미국의 압력에도 불구하고 하마스와의 휴전과 포로 교환 협정을 거부하며 이스라엘의 극우층 사이에서 인기를 회복하기 시작했다. 5월에는 워싱턴의 촉구에도 불구하고 가자지구 최남단 도시 라파와 이집트와의 국경지대를 공격했다. 이는 하마스 지도부가 휴전 협정을 받아들일 주요 동기를 제거한 것이다.

또한 네타냐후는 라파 철수 권고를 거부하며 팔레스타인과의 합의를 완전히 무산시켰고, 이 때문에 가자지구와 이집트 사이의 통로에 대한 통제권을 잃은 이집트의 분노를 샀다. 그는 바이든 미 대통령이 바랐던 휴전과 인질 석방을 통해 미국에 이득을 주려는 의사가 전혀 없었다. 이는 바이든의 미국 대통령 선거 라이벌인 도널드 트럼프에게 유리하게 작용했다.

네타냐후의 최우선 과제는 여전히 이란 핵 프로그램 파괴

네타냐후와 오바마의 관계가 긴장 속에 있었다는 것은 잘 알려져 있다. 2009년 네타냐후가 취임한 직후, 오바마와 대립을 지속하며 공화당의 지원을 얻었다. 그는 바이든 미 대통령과 펜타곤이 자주 만난 갈란트 국방장관을 선호하는 모습을 보이자 다시 비슷한 전략을 펼쳤다.

올해 7월 24일, 공화당은 네타냐후를 네 번째로 의회 연설에 초대했으며, 이는 윈스턴 처칠의 기록을 경신한 것이다. 헌법에 따라 상원 의장을 맡고 있는 카멀라 해리스 부통령은 참석하지 않았다.

부통령으로서 해리스가 후보로 나서며 여론이 뒤집힌 것은 이후 네타냐후의 결정에 큰 영향을 미쳤다. 그가 트럼프의 승리를 기대하며 시간을 벌 수 있었으나, 해리스의 승리가 그의 행동 범위를 좁힐 수도 있었다. 네타냐후에게 있어서 팔레스타인 문제 이상의 우선 과제는 이란으로(1), 이는 1970년대 후반 이집트의 입장 변화 이후 이스라엘의 가장 큰 존재적 위협으로 여겨지고 있다.

1979년 2월 호메이니 혁명을 계기로 이란은 서방과 단절했다. 1980년대에 이란은 이라크와의 치열한 전쟁에 휘말리고 다양한 무기 금수 조치로 인해 정밀 무기 공급이 차단된 상태에서, 미국과 이스라엘을 포함한 그들의 지역 동맹국에 대항할 수 있는 이념적·군사적 네트워

<깨지기 쉬운 것 n°5>, 2020 - 마흐무드 알하지

(1) Akram Belkaïd, 「이스라엘-이란, 다가오는 전쟁」, <르몽드 디플로마티크> 프랑스어판, 2024년 5월.

크를 점진적으로 구축했다.

이슬람 공화국은 미국을 '대악마'로 규정하고, 파트너인 이스라엘의 붕괴를 다짐하며 강력히 적대하는 자세를 취했다. 이 적대적 입장은 아랍 및 이슬람 세계 내에서 영향력을 확보하기 위한 주요 이념적 논리로 활용되었다.

이란은 1990년부터 무슬림 형제단과 관계를 맺어왔다. 무슬림 형제단은 당시 사우디아라비아에 미군이 주둔하는 것을 지지하지 않았으며 리야드와 결별했다. 테헤란은 특히 팔레스타인의 무슬림 형제단인 하마스에 집중하면서, 같은 이념적 기반에서 활동하는 이슬람 지하드와도 관계를 강화했다.

(2) David E. Sanger, 「미국, 이란 핵 시설 공격에 대한 이스라엘의 지원 요청 거부」, <뉴욕 타임스>, 2009년 1월 10일.

한편, 이스라엘 당국은 이란에 대한 집착을 키우게 되었다. 2000년대 초반, 이란이 비밀리에 핵 프로그램을 재개한 사실이 밝혀지자, 텔아비브는 이란이 핵무기를 보유하려 한다고 판단했다. 이는 1960년대부터 이스라엘이 보유한 지역 독점권을 위협하는 것으

(3) Eli Lake, 「오바마, 이스라엘에 무기 지원」, <뉴스위크>, 뉴욕, 2011년 9월 25일.

로 여겨졌고, 이스라엘의 지도자들은 이란의 핵 시설에 대한 대규모 공격을 결심하게 되었다.

네타냐후가 바이든에 보낸 찬사, "자랑스러운 시온주의자 아일랜드계 미국인"

2009년 당시, 오바마 미 대통령의 취임 며칠 전, <뉴욕 타임스>는 이스라엘 정부가 전년도부터 미군이 주둔 중인 이라크 영공을 통과해, 이란의 나탄즈 핵 시설을 타격하기 위한 긴급 GBU-28 대(對)벙커 폭탄 제공과 영공 통과 허가를 요청했다고 보도했다.(2)

부시 행정부는 당시 이스라엘의 공격이 미군을 위험에 노출시킬 수 있다는 우려로 이를 거부했으나, 이미 2007년에 이스라엘을 위해 GBU-28 폭탄 55개를 주문해 2009년 인도를 계획하고 있었다. 이후 오바마 대통령은 임기 첫 해에 이 폭탄의 인도를 승인했다.(3)

그러나 이러한 지원이 이뤄졌음에도 오바마와 네타냐후의 관계는 계속 악화되었다. 오바마 대통령은 서안지구에서의 이스라엘 정착촌 확장을 공개적으로 비판했다. 두 사람 간의 주요 의견 충돌은 이란 문제에 있었다. 한편으로는 오바마가 이스라엘에 대벙커 폭탄 제공을 승인함으로써 이란에 대한 압박이 강화되었고, 이를 통해 이란이 핵 프로그램 제한에 대한 외교적 합의에 응하도록 유도했다.

이 합의는 2015년에 체결되었는데, 이는 이란의 오랜 적인 네타냐후와 사우디아라비아를 크게 실망시켰다. 이들은 이란에 대한 경제적 압박이 완화되면 이란이 비밀리에 핵무기 개발을 계속하고, 2011년 이라크에서의 미국 철수와 서방의 실패로 유리해진 지역 확장을 지속할 것이라고 확신했다. 2011년 시리아의 민중 봉기로 시작된 내전과 2014년에 분열된 예멘 내전은 이란이 중동에서 영향력을 확대할 기회를 제공했다.

2016년 11월, 트럼프의 미 대통령 당선은 네타냐후와 사우디 지도자들에게 반가운 소식이었다. 트럼프는 2017년 5월 첫 해외 순방지로 리야드를 방문했다. 이듬해 2018년 5월 8일, 트럼프는 2017년 10월부터 준비했던 대로 이란 핵 합의에서 공식적으로 탈퇴하며, 독일, 프랑스, 영국 및 유럽연합 지도자들의 반대에도 불구하고 공약을 실현했다.

트럼프는 임기 마지막 해인 2020년 1월, 이란 혁명수비대의 해외 작전 부대인 알쿠드스군의 사령관 가셈 솔레이마니를 바그다드에서 암살하며 강경한 대이란 정책을 선포했다.(4) 2020년 대선 캠페인에서 바이든은 자신을 트럼프의 대척점에 서 있는 인물로 내세웠다.

이는 트럼프가 오바마에 반대하며 그의 업적을 하나씩 해체하려 했던 방식과 유사했다. 중동 정책에서 바이든은 이란 핵 합의를 복원하고, 트럼프가 폐쇄했던 예루살렘 동부의 미국 영사관과 워싱턴의 팔레스타인 해방기구(OLP) 사무소를 다시 열겠다고 약속했다.

그러나 그는 이를 이행하지 않았다. 오바마의 중동 정책을 다시 채택하기보다는 트럼프의 정책을 계승하는 모습을 보였다. 네타냐후 정부가 가자지구에 대한 재점령 및 파괴 전쟁을 벌이면서 바이든은 미국과 이스라엘이 공동으로 수행한 첫 번째 전쟁을 주도하게 되었고, 역대 대통령들을 뛰어넘을 기회를 얻었다.(5)

양국 간에 가끔 발생하는 마찰은 워싱턴이 텔아비브에 제공하는 막대한 군사 지원 규모에 비하면 하찮게 느껴진다.(6)

"어느 행정부도 내가 했던 만큼 이스라엘을 도운 적이 없다, 아무도, 아무도, 아무도."

바이든 미 대통령은 10월 4일 이렇게 말하며 이스라엘 총리를 배은망덕하다는 식으로 비난했다. 그는 네타냐후 총리가 가자지구에서의 휴전 합의를 방해한 것이 공화당 후보를 돕기 위한 것이 아닌지 의문을 제기했다.(7)

이후 미 의회 연설을 위해 워싱턴을 방문한 네타냐후는 바이든에게 열렬한 찬사를 보냈다. 그는 "자랑스러운 시온주의자 이스라엘인으로서 자랑스러운 시온주의자 아일랜드계 미국인에게, 50년간의 공직 생활과 이스라엘에 대한 50년간의 지지에 감사드립니다"라고 말했다.(8)

"다히야 독트린", 전쟁을 부추기는 요소로 작용

바이든이 자신의 후보직을 해리스에게

(4) 「이란과 미국 간의 검의 춤」, <르몽드 디플로마티크> 프랑스어판, 2020년 2월.

(5) 「미국의 구원, 이스라엘, 팔레스타인, 상처받은 땅」, <마니에르 드 부아르> 프랑스어판, No. 193, 2024년 2~3월.

(6) Jack Mirkinson, 「바이든이 네타냐후에게 화가 났다고? 웃기는 소리」, <더 네이션>, 뉴욕, 2024년 2월 13일.

(7) Colleen Long, 「바이든, 이스라엘이 2024년 미국 대선에 영향을 미치기 위해 평화 협정을 지연시키고 있는지 알 수 없다 말해」, <AP통신>, 2024년 10월 4일.

(8) Tovah Lazaroff, 「네타냐후, 바이든에게: '한 시온주의자에서 다른 시온주의자에게, 50년간의 우정에 감사드립니다'」, <예루살렘 포스트>, 2024년 7월 25일.

넘긴 것에 대한 네타냐후의 찬사는 진심이었을 것이다. 7월 말, 바이든이 해리스에게 지휘봉을 넘기고, 네타냐후가 플로리다 마라라고에서 트럼프를 방문하면서 전쟁의 새로운 국면이 열렸다. 네타냐후는 바이든의 임기 종료를 최대한 활용해야 했다. 가장 좋은 경우, 트럼프가 미국을 다시 이끌며 이스라엘의 공격을 더욱 강화할 기회를 줄 것이고, 최악의 경우 해리스가 미국의 개입을 떠안아야 할 것이다.

하마스의 공격은 이스라엘의 억지력 상실을 여실히 드러냈다. 이스라엘은 2000년 조건 없이 레바논에서 철수하며 미국의 베트남 패배에 비견되는 첫 군사적 패배를 경험했다. 2006년 헤즈볼라와의 충돌에서 또다시 실패했고, 이후 이란의 군사 네트워크가 지역 내에서 확장되는 것을 효과적으로 저지하지 못했다.

가자지구에서도 2007년 이래 이스라엘의 반복적이고 치명적인 공격은 하마스나 이슬람 지하드의 로켓 공격에 대한 보복으로 이루어졌지만, 팔레스타인 단체들이 활동을 멈추게 하지는 못했다. 적의 환경에 불균형적인 피해를 입히려는 "다히야 독트린"은 민간인을 대상으로 하겠다는 공개적인 의도로 인해 전쟁 범죄를 부추기는 요소로 작용하고 있다.(9)

이스라엘은 2008~2009년과 2014년 가자지구에서 두 차례 다히야 독트린을 적용했으며, 이 정책은 2006년 레바논의 베이루트 남부 헤즈볼라 거점 지역인 "다히야"에서 처음 실행되었다. 이 경우에는 억제 효과가 있었다. 2006년 이후로 헤즈볼라는 7월 12일의 국경 간 공격처럼 전면적인 교전을 유발하는 행동을 재개하지 않았다.

헤즈볼라의 지도자 하산 나스랄라는

2006년 8월 27일에 이스라엘의 대응이 이토록 치명적이고 파괴적일 줄 알았다면 자신이 그 작전을 승인하지 않았을 것이라고 공개적으로 인정했다.(10) 그러나 같은 기간 동안 이란은 헤즈볼라에 다양한 미사일로 구성된 막대한 규모의 무기고를 지원했다.

헤즈볼라는 이를 통해 이스라엘과 "상호 억제" 상태를 달성했다고 여겼다. 이는 상대방에게 심각한 피해를 입힐 수 있는 능력에 기반한 비교적 평화로운 공존 상태였다. 이로써 헤즈볼라는 이스라엘과 이란의 관계에서 중요한 균형 요소가 되었으며, 이란 또한 강력한 재래식 전력과 지역 네트워크를 보유하고 있었다.

2023년 10월 7일, 하마스의 대담하고도 치명적인 공격은 이스라엘의 분노를 극에 달하게 했다. 이 공격으로 인해 네타냐후는 이스라엘을 위험에 빠뜨렸다는 비판을 받았다. 그는 팔레스타인 내부의 분열을 유지하고 '평화 프로세스' 재개 압력을 피하기 위해 하마스가 가자에서 권력을 강화하고 카타르의 재정 지원을 받을 수 있도록 허용했다는 비난을 받았다.(11)

하마스가 그해 10월 7일 오전 "레바논, 이란, 예멘, 이라크, 시리아의 이슬람 저항 형제들"에게 전투에 동참할 것을 촉구했을 때, 이란이 최소한 간접적으로라도 이에 반응한 사실은 이스라엘의 억지력이 상당히 약화되었음을 보여준다.(12)

이란은 그해 10월 7일 하마스의 요청에 간접적으로나마 반응하여, 레바논의 헤즈볼라, 이라크의 시아파 민병대, 예멘의 후티 반군 등 파트너들을 저강도 소모전에 나서도록 독려하며 지역 네트워크를 가동했다.

이란의 세 협력 세력 중 이스라엘에 가장 큰 영향을 미친 것은 레바논의 헤즈볼라

(9) 「가자의 미래는?」, <르몽드 디플로마티크> 프랑스어판, 2024년 6월.

(10) Gilbert Achcar et Michel Warschawski, 『33일 전쟁: 이스라엘의 레바논 헤즈볼라와의 전쟁과 그 여파』, 파리, 텍스투엘, 2007년.

(11) Adam Raz, 「네타냐후-하마스 동맹의 간략한 역사」, <하아레츠>, 예루살렘, 2023년 10월 20일.

(12) Muhammad Dayf, 「알악사 홍수의 시작을 선언한다」, <오아시스>, 2023년 11월 8일, www.oasiscenter.eu.

였다. 제한된 "그린 라인"(이스라엘과 레바논 사이 국경선) 지역에서의 교전에도 불구하고, 이스라엘군은 북부 국경에 병력을 집중해야 했고, 이 때문에 수만 명의 민간인이 대피했다.

반면 가자지구에 집중하고 있는 동안, 이스라엘은 북쪽에서 자제하는 태도를 보였다. 가자지구는 단순한 보복을 넘어 파괴적 재점령과 대규모 학살이 이어졌다. 이스라엘군의 강력한 억제 조치로 인해, 대부분의 서안지구 팔레스타인인은 하마스의 투쟁 동참 요청에 응하지 않았다.

트럼프 당선 후, 네타냐후는 미국을 이란 공격에 끌어들이려 해

이스라엘은 헤즈볼라에 대한 공격을 수개월에 걸쳐 조절하면서 "정밀 타격"을 통해 민병대원 수백 명을 사살했다. 9월 공격을 전후해 이스라엘군은 가자지구와 달리 헤즈볼라에 대해 세심한 군사 전략을 펼쳤다. 9월 17~18일의 공격과 9월 27일 나스랄라 사망 이후, 이스라엘은 레바논 국경지대로 지상군 침투를 포함한 작전을 빠르게 확대했다.

또한 바이든 미 대통령은 이스라엘에 87억 달러의 추가 군사 지원을 승인하고, 하산 나스랄라 사망에 대해 축하의 뜻을 전하며, 레바논 작전에 대한 지원 의지를 드러냈다.(13) 이때 네타냐후는 승리를 거두었고, 이란은 체면을 잃었다.

심지어 레바논 헤즈볼라 내부에서도 이란이 동맹국들을 전투에 끌어들이면서도 직접적인 개입이나 지원을 하지 않았다고 비난했다. 테헤란은 10월 1일 이스라엘에 두 번째 미사일 발사를 감행하며 이를 만회하려 했지만, 이는 제한적이고 영향이 미미한 수준에 그쳤다. 이란은 대규모 갈등으로 미국과 그 지역 동맹국을 자극해 내부 반정부 봉기로 이어질 위험을 감수하기를 꺼리고 있었다.

이제 남은 의문은 10월 1일 이란의 공격에 대한 이스라엘의 대응이다. 네타냐후는 이란의 핵 프로그램을 수년간 지연시키고 시온주의 영웅 목록에 자신의 이름을 남길 큰 공격을 꿈꾸고 있다. 또한 그는 극우 동맹의 압력을 받고 있다. 그들의 입장에서 핵 시설 외 다른 목표를 겨냥하는 것은 약점의 징표로 보인다. 하지만 이란의 석유 시설을 공격할 경우, 이란의 걸프 지역 반격으로 인해 세계 경제 위기와 아랍 산유국들과의 관계 악화를 초래할 위험이 있다.

이란의 핵 시설을 공격하려면, 가자지구나 레바논에서처럼 미국의 간접적 지원이 아닌 직접적인 참여가 필요하다. 바이든 미 대통령은 10월에 고고도 요격용 미사일 시스템인 사드(THAAD)를 이스라엘에 배치하고, 이를 운용할 미군 수백 명을 파견해 이란의 반격에 미국 병력이 노출될 가능성을 높였다. 이처럼 바이든 행정부는 이스라엘을 무장하고 보호하면서, 미국이 이스라엘에 대해 억제 압력을 가하고 있다는 이전 주장과는 모순된 행동을 취했다.

이란의 지하 핵 시설을 효과적으로 파괴하려면, 네타냐후가 하산 나스랄라를 제거할 때 투하했던 수 톤의 폭탄이나 오바마 미 행정부가 제공한 GBU-28 대벙커 폭탄보다 훨씬 강력한 무기가 필요하다. 이를 위해서는 각각 12~15톤에 달하고, 60미터 깊이까지 관통할 수 있는 GBU-57 같은 폭탄과 이 폭탄을 운반할 전략 폭격기가 필요하다.

그러나 이스라엘은 이 폭탄이나 이를 투하할 전략 폭격기를 보유하지 않고 있다.(14) 따라서 네타냐후와 이스라엘군이 이

(13) 「이스라엘, 87억 달러 미국 지원 패키지 확보 발표」, <로이터통신>, 2024년 9월 26일.

(14) John Paul Rathbone, 「이스라엘이 단독으로 이란의 핵 시설을 파괴할 수 있을까?」, <파이낸셜 타임스>, 런던, 2024년 10월 4일.

란의 방어 시스템을 겨냥한 새로운 공격을 감행할 가능성이 커졌다. 이는 4월에 이루어진 간접적인 핵 시설 공격을 더 큰 규모로 반복하는 방식이 될 수 있다. 그다음 행보는 11월 5일 미국 대통령 선거에서 트럼프가 당선됨에 따라 달라지게 되었다. 트럼프가 내년 집권하면 미국과 이스라엘이 공동으로 이란을 공격할 가능성이 높아질 수 있다. ⑩

글·질베르 아슈카르 Gilbert Achcar
런던 대학교 SOAS 교수, 저서 『아랍과 홀로코스트: 이스라엘-아랍 이야기 전쟁』(신드바드/악트 쉬드, 2009년)

번역·강태호
번역위원

르몽드 디플로마티크 구독 안내

정가 1만 8,000원	1년 10% 할인	2년 15% 할인	3년 20% 할인
종이	21만 6,000원 19만 4,400원	43만 2,000원 36만 7,200원	64만 8,000원 51만 8,400원
온라인	1년 13만원	2년 25만원	3년 34만원
	1년 13만 원, 1개월 2만원, 1주일 1만 5,000원 * 온라인 구독 시 구독기간 중에 창간호부터 모든 기사를 보실 수 있습니다. * 1주일 및 1개월 온라인 구독은 결제 후 환불이 불가합니다(기간 변경 및 연장은 가능)		
계좌 안내	신한은행 140-008-223669 ㈜르몽드코리아 계좌 입금 시 계좌 입금 내역 사진과 함께 〈르몽드 코리아〉 본사에 문의를 남겨주시거나, 전화/메일을 통해 구독 신청을 해주셔야 구독 신청이 완료됩니다.		

계간지 구독 안내

	낱권	1년	2년
마니에르 드 부아르	1만 8,000원	7만 2,000원 ⇨ 6만 5,000원	14만 4,000원 ⇨ 12만 2,400원
	계좌 : 신한은행 100-034-216204 계좌 입금 시 계좌 입금 내역 사진과 함께 〈르몽드 코리아〉 본사에 문의를 남겨주시거나, 전화/메일을 통해 구독 신청을 해주셔야 구독 신청이 완료됩니다.		
크리티크 M	낱권 1만 6,500원		

기술, 이건 항상 정치적이다

인공지능(AI)은 왜
버락 오바마를 백인으로 보는가?

사람들은 흔히 컴퓨터보다 더 중립적인 것이 어디 있겠냐고 말한다. 착각이다. 차가운 판단 뒤의 알고리즘과 자동화 장치에는 그것을 설계한 인간의 모든 편견이 스며들어 있다. 계산하는 인간이라는 모델을 기반으로, 이념적 선택들로 짜인 역사를 이어받은 인공지능은 정치적 기계다. 공익에 봉사하게 하려면 먼저 인공지능을 해체하는 것이 필요하다.

빅토르 쉐 ▮디지털 인문학 박사과정 연구자
오귀스트 르위거 ▮AI 연구 엔지니어
자코 사페이–트리옹프 ▮엔지니어

2023년 11월, 대표 제품 ChatGPT로 유명한 기업 OpenAI에서 특이한 거버넌스 갈등이 벌어졌다.

공동 창립자이자 정보학자인 일리야 서츠케버가 이끄는 이사회는 공동 창립자이자 CEO인 샘 알트만을 기습 해임했다. 알트만은 결국 직위를 되찾았지만, 이 사건은 표면적으로는 서로 대립하는 두 이데올로기, 즉 효과적 이타주의(Effective Altruism)와 효과적 가속주의(Effective Accelerationism) 간의 내부 갈등을 드러냈다.

효과적 이타주의는 효과적 가속주의의 주요 인물들을 배제하려 했으나 결국 실패했으며, 이는 인류를 위험에 빠뜨릴 수 있다는 우려에서 비롯되었다.

2000년대 미국에서 발전한 효과적 이타주의는 과학과 데이터를 기반으로 인류 행복의 총합을 고양한다는 공리주의에 뿌리를 두고 있는 것으로, 공동의 선을 위해 자원을 최적으로 활용하는 방법에 대해 답을 제시하려 한다.

이 사상의 지지자들은 자신들의 뛰어난 지적, 재정적, 기술적 능력으로 인류가 직면한 주요 문제를 우선순위에 따라 해결할 자격이 있다고 여긴다. 여기에는 팬데믹 위험, 핵전쟁, 그리고 흔히 '특이점'으로 불리는 '일반 인공지능'의 출현이 포함된다.

이 인공지능 시스템은 의식이 있는 지능체로서 정의가 모호한 관계로, 일부는 이미 도래했다고 생각하고, 또 일부에서는 앞으로 반세기 내에 도래할 것이라고 예측한다. 데이터의 바다에서 생성된 이 AI는 인류를 보편적 번영의 시대로 이끌 수도, 완전히 사라지게 할 수도 있다.

'기능적 강박'의 사회 모델이 엿보이는 이유

효과적 이타주의보다 더 급진적인 효과적 가속주의는 초인적인 존재에 빠르게 도달해 인류를 다음 진화 단계로 끌어올리고, 이에 직면한 위험들을 벗어나기 위해 무제한의 기술 개발을 촉구한다. 이를 위해서는 규제 및 윤리적 장벽은 모두 제거되고, 지적 재산권이나 개인정보 등은 더 이상 보호되지 않으며 가능한 한 빠르게 가속하는 것이 바람직하다고 주장한다.

이러한 기술적 자유주의는 우리가 미처 그 작동 원

리와 함의를 완전히 이해하지 못하는 시스템을 시장에 출시하는 것을 정당화하며, 샘 알트만이 ChatGPT를 공개한 것도 이와 같은 맥락에서 볼 수 있다. 철학자 마르첼로 비탈리-로사티가 묘사한 '기능적 강박', 즉 '부의 창출과 상품 축적의 필요성에 복종하는 자본주의적 이성의 변형'이라는 디지털 산업과 그 권력 동맹의 사회 모델이 여기서 엿보인다.(1)

이로써 현재의 사회경제적 및 기술적 변화의 지평선이 곧 인간을 기계로 대체하는 것이라는 이미지를 집단 상상 속에 심어줄 가능성이 생겨났다. 이는 가능성 있는 미래이지만, 불가피한 것은 아니다. 과거에는 잊힌 개념으로 치부되었던 산업 계획이 최근 몇 년 동안 대서양 양쪽에서 다시 강력하게 부활하고 있다.

서구 엘리트들은 이를 아시아 개발과 경쟁하기 위해 필수적이라고 여기고 있다. 생태 계획 또한 점차 자리를 잡아가고 있다. 그린 뉴딜(녹색산업 지원을 통한 일자

기계의 숲 뒤에 숨겨진, AI의 가계도

1956년, 미국 다트머스 대학에서 열린 '다트머스 인공지능 여름 연구 프로젝트(Dartmouth Summer Research Project on Artificial Intelligence)'는 인공지능 분야의 역사적인 연구 세미나로 존 매카시(John McCarthy), 마빈 민스키(Marvin Minsky) 등 수학, 컴퓨터, 과학, 심리학 등 다양한 분야의 저명한 학자들이 모였다.

이 세미나는 인간의 정신을 모방하는 시스템을 의미하는 용어인 '인공지능'이라는 표현이 처음 사용된 자리로, AI연구의 시발점이 되었다. 컴퓨터 과학자로 세미나의 핵심 학자였던 존 매카시는 당시 산업 프로세스 자동화에 집중하고 있던 노버트 위너의 사이버네틱스 학파와 구별하기 위해 인공지능의 용어를 제안한 것이다.(1)

다트머스 회의의 주창자들은 사이버네틱스 학파와는 달리, 고대 철학과 생명 과학, 그리고 자유주의 경제 이론 등 철학적 배경을 연구 기반으로 삼았다. 즉, 아리스토텔레스의 형이상학(인간의 사고와 지식 구조), 플라톤의 이데아론(이론적 개념과 실제 구현 간의 관계), 합리적 선택 이론(AI 의사 결정 프로세스), 경제적 모델링(AI의 알고리즘 개발) 등이 인공지능 연구 기초로 작용된 것이다.

이들이 새로운 연구 분야를 탐구하기 위해, 처음부터 전제로 한 가정은 "정신은 질서 있는 무언가로, 개별적인 뇌 속에 존재하며, 암묵적이고 신뢰할 수 있는 논리를 따르며, 사회적 사건의 관찰에서 파생된 계산 모델을 통해 설득력 있게 모델링될 수 있다"는 것이었다.(2) 이러한 가정은 인공지능 연구의 기본철학과 접근방식을 정의하는 데 중요한 역할을 했다.

AI 기법들은 인간의 행동을 합리적이고 계산적인 개인 모델에서 추론하는 방식으로 정통 경제학으로부터 영향을 받았다. 선구자 중 한 명은 경제학자 허버트 사이먼(Herbert Simon)이다. 그는 애덤 스미스의 '행정 및 의사 결정 과정에 관한 연구'에서 영감을 얻어 AI의 연구에 중요한 기반이 되는 '상징적 패러다임'을 구축하는 방향을 잡았다. 이 패러다임은 전문가들이 설계한 일련의 의사 결정 규칙을 결합한 시스템 개념에 기반한다.

즉, 사이먼은 인공지능, 경제학, 심리학의 교착점에서 인간의 의사결정 과정을 이해하고 이를 모델링하기 위한 다양한 접근 방식을 개발했다. 특히 그의 제한된 합리성 개념과 의사결정 이론은 인공지능 연구에 중요한 이론적 기초를 제공했다.

<여성 로봇>, 1964 - 키키 코겔닉

리 및 시장창출 계획—역주)을 지지하는 미국의 민주당원들에서부터 유럽연합(EU) 집행위원장 우르줄라 폰 데어 라이엔까지, 모두가 공공 권력과 신기술을 동원하여 보다 녹색 경제로의 전환을 이루고자 하고 있다.

중립적이지 않은 인공지능(AI)

그러나 이 과정은 여전히 자유주의적이다. 좌파는

사회적 필요와 환경적 제약에 맞춰 생산을 조정할 것을 제안하고 있다.(2) 그 내부에서는 최신 정보 기술을 활용한 집단적 의사 결정 시스템을 기반으로 한 산업적 조정 가능성을 지지하는 목소리도 있다.(3)

"우리를 착취하거나 속이거나 대체하지 않는 정보 및 통신 기술을 상상할 수 있을까요?"라고 영국 작가 제임스 브리들이 물었다.

"네, 가능합니다. 현재의 AI 물결을 정의한 상업적

심리학자 프랭크 로젠블랫은 프리드리히 하이에크의 시장 구조에 관한 연구에서 영감을 받아 '퍼셉트론'을 개발했는데, 이는 정보처리와 전달을 담당하는 신경계의 기본 단위인 생물학적 뉴런의 기능을 모델링한 것으로 '연결주의 패러다임'의 상징이자 '신경망'의 초기 형태이다. 현대 딥러닝의 선구자로 평가되는 이 모델에 따르면, 인공지능은 개인이나 국가와 같은 집단적 기구보다 효율적이고 기능적이며 합리적인 방식으로 세상을 통계적으로 조직하는 자연 질서를 만들 수 있다는 것이다.

컴퓨터 과학 내에서 자주 대립되는 이 두 분야는 실은 동일한 공리에서 비롯되었다. 철학자 마티유 트리클로의 주장에 따르면, '정보'라는 개념이 다소 모호하고 추상적이나 기계와 생명체, 계산기와 뇌, 정치경제와 형이상학 같은 전혀 다른 분야간의 유사성을 만들어낼 수 있다는 것이다.

이러한 주장은 사이버네틱스나 정보학 선구자들의 주장과 상충된다. 예를 들어 존 폰 노이만은 "뇌에서 일어나는 정보 처리 과정은 컴퓨터에서 발생하는 것과 근본적으로 다르다"라고 주장했다.(3) 즉, 컴퓨터는 주어진 연산 규칙을 기반으로 정보를 처리하는 반면 사람의 뇌는 생물학적이고 감각적인 정보 처리 방식, 즉 감각적 경험, 직관적 판단, 추상적 사고 등 복합적인 과정을 통해 처리되는 것이다.

'자유시장 이데올로기'를 통해 모색된 AI 시스템

2018년 튜링상을 수상한 요슈아 벤지오와 얀 르쿤 같은 현대의 인물들에 의해 구현된 연결주의적 인공지능은 뇌에서의 정보 처리 방식처럼 컴퓨터에도 작은 단위들이 서로 연결되어 정보를 처리하고 학습하는 방식을 말한다. 즉 컴퓨터가 내재 된 뇌의 연결을 통해 스스로 학습하고 경험하여 더 똑똑해지는 것이다.

몬트리올에서 컴퓨터 과학 교수로 활동하는 벤지오는 AI의 무분별한 발전에 따른 위험성을 강조하며 규제의 필요성을 주장한다. 반면, Meta(구 페이스북)의 인공지능 연구 부서 책임자이자 부사장인 르쿤은 다소 안심시키는 입장을 취하는데, 이는 아마도 자신의 이익을 고려한 입장일 수 있다. 이들은 종종 서로 다른 의견을 내지만, 둘 다 인공 지능에 대한 계산적이고 개인화된 시각을 견지하며 매카시와 로젠블랫의 전통을 이어가고 있다.

오늘날 우리가 알고 있는 인공지능은 경제적, 지적, 군사적, 철학적 문제의 중심에 위치하며, 종종 인류의 천재성이 만든 절정의 산물로 제시되곤 한다. 그러나 이는 미국식 개인주의의 변질된 산물로 볼 수도 있다.

1980년대 후반에 이르러 이 분야의 연구는 기술적 한계와 자금 부족 등으로 오랜 겨울(AI Winter)을 맞이했다. '인공지능'이라는 용어는 자금 지원을 꺼리게 했고, 따라서 AI는 '고급 알고리즘'이라는 이름으로 불리게 되었다.

같은 시기, 소련에서는 과학자들이 다른 접근 방식을 발전시키고 있었다. 서구 학자들과는 다른 이념적 환경에서 교육받은 소련의 연구자들은 '개인의 합리성을 모방하며 사고하는 기계'라는 사상을 거부했다. 그들은 인간 지능이 단지 개인적인 사고만으로 이루어지는 게 아니라 집단적인 다수의 사회적, 문화적 상호작용을 통해 발현되는 능력이라고 보았다.

매카시와 그의 동료들이 '자유시장 이데올로기'를 통해 AI 시스템이 자율적으로 학습하고 적응하는 방법을 모색하고, 또한 인지 과학을 통해서는 AI가 학습하고 문제를 해결하는 방법의 개발을 시도한 반면, 소련의 AI는 개별적 인간의 이해를 초월하여 복잡한 거대 구조에서 발현되는 지능, 즉 집단지성 혹은 분산지능을 재현하려 했다.

결국 두 접근법은 유사한 결론에 도달했을지도 모른다. 미국의

권력 네트워크에서 벗어날 때 말이죠."(4)

　그렇게 해서 양쪽 정치 진영은 자신들의 이념적 선호에 맞추기만 하면 되는 기술적 진보에 대한 희망을 품고 있다. 하지만 인공지능(AI)은 설계에서 구현에 이르기까지 결코 중립적이지 않다.

　AI의 구축 과정에 깃든 기술과 정치의 얽힘을 풀기 위해서는 '블랙박스'를 열어 그 실체와 학습 메커니즘이 어떻게 작동하는지 이해해야 한다. 그러나 공적 논의에서는 종종 이 필수 단계를 생략하며, 이는 해결책으로서의 AI에 대한 환상이나 인류와 동일시하는 불안을 해소할 기회를 놓치는 결과를 초래한다.

이미지 복원 AI Pulse, '백인 오바마' 결과 초래

　수학과 컴퓨터 과학의 교차점에서 AI는 실제로 입력/출력 시스템처럼 작동한다. 이는 특정 목표를 극대화

연결주의적 AI는 자본주의 체제에서 방대한 데이터를 수집하여 기술을 발전시켰고, 소련의 AI는 인간의 '문화와 의미'를 이해하고 체득하는 과정을 통해 발전했다.(4) 1989년, 소련 시스템이 흔들리기 시작한 바로 그 시점에 소련 인공지능 협회가 설립되면서 그들의 프로젝트는 제도화되었다.

디지털 시대의 경제모델인 '감시 자본주의'에 뿌리 둬

　미국에서는 1990년을 기점으로 인터넷이 기술 세계의 정점에 올랐으며, 흥분한 투자자들은 이 분야의 연구에 아낌없는 자금을 다시 투자하기 시작했다. 그러나 이러한 열기는 2000년 인터넷 버블 붕괴와 함께 갑작스레 끝났다. 이 충격은 일종의 '휴식 종료' 신호가 되었고, 디지털 기업들은 자금 제공자들의 압박 속에 수익성을 확보해야 하는 상황에 놓였다. 이러한 수익성 확보는 광고를 통해 이루어졌다.

　구글은 무료 서비스 사용자들에게서 대량으로 수집된 개인 데이터를 상품화하는 시스템을 구축하고, 이를 자료로 삼아 행동을 예측하고 방향을 제시하는 방식으로 활용했다. 이 새로운 인공지능의 물결은 이른바 디지털 시대의 경제모델(기업이 사용자 데이터를 수집, 분석, 활용하여 이익을 창출하는 방식)인 '감시 자본주의(surveillance capitalism)'에 뿌리를 두고 있다.(5)

　2010년대 초반에 AI 연구자들은 이미지 인식 챌린지 ImageNet이라는 대규모 데이터베이스를 사용하여 AI의 기능을 높였다. 이 거대한 작업은 2006년 연구자 페이페이 리(Fei-Fei Li)가 시작하여 거둔 오랜 노력의 결실이다. 많은 동료들과는 달리, 그녀는 알고리즘과 계산 능력이 아닌 데이터에 집중했는데, 이는 연결주의적 예언을 실현하는 데 필수적인 자원으로, 인터넷의 발전이 오히려 데이터의 대량 추출을 가능하게 한 것이다.

　따라서 2011년부터 인공지능은 이를 좌우하는 기술자본주의(technocapitalism)에 의해 형성되었다. 웹의 거대 기업들과 아마존의 메커니컬 터크(Amazon Mechanical Turk)를 통해 전 세계에 동원된 수많은 데이터 관리자들이 데이터베이스를 구조화하고 정제했다. 2012년 이미지넷 챌린지에서는 연결주의자들의 가장 야심찬 발명이자, 실현 불가능하다고 여겨졌던 '딥러닝'이 큰 성공을 거두었다. 최근 ChatGPT 등 혁신적 인공지능의 이러한 발전은 이미지와 텍스트에 주석을 다는 작업에 시간당 2달러도 안 되는 보수를 받고 일하는 수천 명의 케냐인 노동자들을 필요로 했다.

인공지능을 인류를 위한 과학이 아닌, 상용화할 제품으로 간주

　집단적 상상 속에서는 인공지능의 진보가 거의 무한한 파라미터와 계산 능력의 증가에 달려 있으며, 이러한 발전은 생산 체계를 끊임없는 확장으로 몰고 간다는 인식이 자리 잡고 있다. 비영리 조직 OpenAI는 2015년에 피터 틸(Peter Thiel)과 일론 머스크(Elon Musk) 같은 무제한적 자본주의의 상징 인물들이 참여하여 설립되었으며, 이 조직은 "안전한 범용 인공지능을 개발하고 그 혜택을 전 세계와 공유하는 것"을 목표로 하고 있다고 자사 웹사이트에 명시하고 있다.(6)

　이를 보장하기 위해 OpenAI는 헬렌 토너(Helen Toner)와 같은 인공지능 시스템 윤리 연구 분야의 저명한 인물들로 구성된 과학 자문위원회를 두었다. 그러나 4년 후, 이 조직은 이익 한도가 설정된 유한 이익 추구 기업으로 변모하게 되며, 이익 한도는 초기 투자액의 100배로 제한되었다. 초기의 인본주의적 과학자들 사이에 주식옵션에 매료된 야심 찬 엔지니어들이 합류했다.

하기 위해 데이터베이스를 바탕으로 정확한 답을 제공하는 학습 수학 함수다.

예를 들어 동물을 식별하는 경우, AI는 각 이미지에 적절히 붙여진 라벨('개' 또는 '펠리컨')을 정확히 예측해야 한다. 이를 위해 엔지니어들은 라벨이 붙여진 이미지들을 바탕으로 프로그램을 훈련시키며, 예측 오류를 최소화하는 것을 목표로 한다. 매개변수를 조정하는 절차를 거치고, 실패 확률이 허용 가능한 수준에 도달하면 해당 시스템이 배포된다.

하지만 이것은 이론적인 설명이다. 실제로는 이 과정의 냉정한 중립성이 학습을 뒷받침하는 요소들에 대한 정치적 선택을 은폐한다. 엔지니어들은 이러한 데이터가 만들어지는 조건에 내재한 차별적 편향을 무의식적으로 기계에 이식하게 된다.

2020년 미국 듀크 대학교 학생들이 개발한 이미지 복원 AI인 Pulse는 이미지 속 사람들을 탈픽셀화하는 과

2020년, OpenAI는 GPT-3를 출시하면서 '슈퍼얼라인먼트'(인간이 정의한 목표와 원칙에 고급 인공지능 시스템을 맞추는 프로젝트)와 같은 큰 윤리적 프로젝트를 지속했으며, 이는 일리야 수츠케버(Ilya Sutskever)와 얀 라이케(Jan Leike)가 이끌었다.

그러나 2023년 11월, 이사회가 해체되고 상업적 요구가 우선시되었다. 2024년 9월, OpenAI는 결국 수익성 한도를 폐지하며 더 이상 인공지능을 인류를 위한 근본적인 과학으로 간주하지 않고, 빠르게 상용화해야 할 제품으로 간주하게 되었다.

불안한 '알고리즘적인 정부 형태'

기계에 의식을 불어넣겠다는 약속, 프로메테우스적인 꿈, 그 이름에서부터 시작되는 모호한 용어들을 통해 인공지능은 정치적 상상력을 자극한다. 인공지능의 권위주의적 잠재력과 억압적 가능성, 개인 감시 능력은 정부 지도자들에게 쉽게 인식되었다. 1960년대부터 CIA의 지배 계층은 자동 정보 분석 기술을 예상하며, 개인 데이터를 대량으로 수집하고 중앙 집중화하는 것을 정당화했다.(7) 특히, 사회 통제 기술에 특이점이 미칠 영향을 상상하며, 미국과 중국은 일찍이 수학 연구에 투자하고 디지털 인프라를 개발하며, 데이터 수집 장치를 대규모로 배포할 필요성을 깨달았다.

그러나 자동화된 기계에 대한 상상에는 민주주의적인 측면도 존재하는데, 이는 시민들이 적극적으로 참여하는 정보 시스템을 기반으로 한 디지털 민주주의를 의미한다. 안타깝게도 원래의 자유주의적 꿈은 데이터의 산성 바다 속에서 사라지며, 오히려 법학자 앙투아네트 루브루아(Antoinette Rouvroy)와 정치 철학 교수 토마스 베른스(Thomas Berns)에 따르면 "통계적 '현실'이 스스로를 완전히 총체화하고 닫아버리는 형태, 가능성으로만 압축된 힘의 축소"라는 불안한 '알고리즘적인 정부형태(gouvernementalité algorithmique)'로 변모한다.(8) 사이버 민주주의 인공지능 기반 시설은 데이터 수집과 행동 지향에 기반한 그러한 정부 형태와 조화를 이루긴 어려울 것이다.

현재의 통계 처리 시스템, 특히 인공지능은 이들 시스템을 탄생시킨 경제 및 사회 질서에 대한 대안을 제시할 수 없다. '데이터'와 그 통계적 예측이 항상 옳지 않다는 것을 인정하고, 알고리즘적 결정론에서 벗어나 인공지능의 방향을 재조정하기 위해서는 우선 첫 번째 단계가 필요하다. 즉, 이러한 기술과 이를 추진하는 주체들이 지닌 지능과 사회에 대한 관계를 탈(脫)자연화, 즉 자연스러움에서 벗어나게 해야 한다. **ID**

글·빅토르 쉐 Victor Chaix, 오귀스트 르위거 Auguste Lehuger, 자코 사페이-트리옹프 Zako Sapey-Triomphe

번역·아르망
번역위원

(1) David J. Gunkel, 「이름에 담긴 의미? 사이버네틱스 vs AI」, 2023년 6월 19일, www.sublationmedia.com

(2) Jonnie Penn, 「아니모 눌리우스: AI의 기원 이야기와 데이터 식민주의의 발견」, BJHS Themes, 제8권, 케임브리지, 2023.

(3) Mathieu Triclot, 「사이버네틱스에서 정보 개념」, 과학 역사와 교육의 날, 리옹 1 대학, 2004년 12월 6일.

(4) Olessia Kirtchik, 「소련의 AI 연구 프로그램: 기계가 '생각'할 수 없다면 '통제'할 수 있는가?」, <BJHS Themes>, 제8권, 2023.

(5) Shoshana Zuboff, 「감시 자본주의」, <르몽드 디플로마티크> 프랑스어판, 2019년 1월.

(6) https://openai.com

(7) Félix Tréguer, 「국가의 감시가 어떻게 저항에 직면했는가」, <르몽드 디플로마티크> 프랑스어판, 2024년 6월.

(8) Antoinette Rouvroy & Thomas Berns, 「알고리즘적 정부성과 해방의 전망」, <Réseaux>, 파리, 제177호, 2013.

정에서 유색 인종을 하얗게 표현해, 결국 '백인 오바마'라는 결과까지 초래한 바 있다.(5)

물론 고의적인 것은 아니다. Pulse 팀은 알고리즘을 구축하기 위해 Nvidia가 개발한 또 다른 인공지능 시스템인 StyleGAN을 사용했는데, 이 시스템은 '그럴듯한' 인간 얼굴 이미지를 생성하도록 설계되었다.

그러나 StyleGAN은 학습 과정에서 백인 남성을 과도하게 나타내는 경향이 있다. Pulse 알고리즘 자체에는 내재된 편향이 없었지만, StyleGAN의 편향을 간접적으로 통합하게 되면서 오바마의 얼굴을 복원할 때 백인 남성으로 표현하게 된 것이다.

이런 암묵적인 전제와 고정관념이 기술에 교묘히 스며들어, 이를 자연스러운 것으로 만든다. 기계는 객관적이고 이념이 없다고 평판이 나 있지만, 실제로는 그렇지 않음을 경찰 예측 알고리즘의 편향으로 피해를 본 사람들은 알게 될 것이다.

데이터가 때때로 대표성을 결여하기도 하지만, 목표의 공식화 역시 부족한 점이 있다. 이는 수학적 공식으로 지적 과제의 본질을 요약하는 작업이다. 예를 들어 추천 알고리즘의 목표는 이론적으로 관련 있는 콘텐츠를 선택하는 것이지만, 이 작업을 수학적으로 표현할 때는 전혀 다른 목표가 나타난다.

사용자로 하여금 더 많은 시간을 화면 앞에 머물게 하기 위해 중독성 있고 자극적인 콘텐츠를 제안하

<무제 (손이 있는 정물화)>, 1966 - 키키 코겔닉

는 방식으로 사용자의 주의를 끌기 위해 고안된 것이다.

데이터 대량 집합으로는 민주적 숙고와 비판적 논의를 대신 못해

더 나아가 디지털 생활을 자동화된 시스템이 조정하는 세계에서는 거의 다루어지지 않는 중요한 질문이 떠오른다. 이러한 AI의 목표를 오로지 민간 기업이 단독으로 결정하는 것이 과연 타당한가?

국내외의 지도자들이 너무 드러나는 문제나 콘텐츠 검열에만 관심을 기울이는 동안, 이와 같은 기술-정치적 선택들은 사실 더 많은 집단적 논의와 공공의 엄격한 관리가 필요하며, 이는 점점 더 많은 업계 관계자들이 지적하고 있는 바다.(6)

데이터의 대량 집합이 민주적 숙고와 비판적 논의를 대신할 수는 없다. 그러나 연구의 조직에서부터 '인공지능'이라는 명칭에 이르기까지 모든 것이 이를 방해하는 듯하다. 대중에게 즉각적으로 이해되는 이 표현은 아이러니하게도 자신이 지칭하는 것과는 정반대의 이미지를 불러일으킨다. 정확히 말하자면 '계산 자동화 장치'(7)라고 부르는 것이 적절할 것이다. 이 표현은 덜 매력적이지만, 이러한 기계들이 과거 결과를 반복할 최적의 방법을 계산하여 목표를 달성한다는 점에서 더 정확하다.

반대로, 지능이라는 개념은 모든 창의적 역동성에 필수적인 비자동화의 한 형태를 암시하며, 이는 고정관념과 선입견을 초월하려는 노력을 뜻한다. 디지털 기술을 집단적 의사 결정, 즉 우리의 창의력, 상상력,

해석 능력에 활용하려면 실리콘 밸리 산업계와 트랜스휴머니스트들이 제시하는 것과는 다른 지능에 대한 비전을 필요로 한다.

아르스 인더스트리얼리스(Ars Industrialis) 협회에 따르면, "어리석거나 지적인 것은 개별적 존재나 환경이라기보다는, 오히려 이들 사이의 관계"라고 한다.(8) 이러한 접근법은 1960년대와 1970년대의 이상주의적 정보학자들의 연구에 영향을 미쳤다.(9) 이는 인공 환경과 인간 정신 중 하나를 선택하는 것이 아니라, 1992년 철학자 펠릭스 과타리가 염원했던 '기계와의 새로운 연합'을 구축하는 것이다.(10)

AI분야에 국가와 시장의 분리가 필요

그러나 당장은 상황이 좋지 않아 보인다. 가장 뛰어난 연구자들조차도 알고리즘의 블랙박스 안에서 무슨 일이 벌어지는지 파악하는 데 어려움을 겪고 있다. AI 모델의 작동을 '설명'한다는 것은, 시스템의 응답을 "인간이 원인이나 이유로 합리적으로 해석할 수 있는 일련의 단계로 번역"하는 것을 의미한다.(11)

이러한 '지적 위생'의 기본 원칙은 이제 모델을 서비스에 투입하기 위한 사전 조건으로 간주되지 않으며, 오히려 '케이크 위의 장식' 같은 역할을 하고 있다. 엔지니어링이 연구를 지배한 나머지, 연구자들은 AI가 상용화되거나 온라인에 배포된 지 몇 년이 지나서야 비로소 그것들이 무엇을 하는지 이해하게 된다.

그렇다면 입법자는 특히 의료나 교육처럼 민감한 분야에서 그 작동 방식을 아무도 모르는 시스템에 대한 평가 기준을 어떻게 설정할 수 있을까? 이러한 불안감을 보여주는 한 예로 MIT 미디어 랩은 이 블랙박스들과의 상호작용을 비유하고 그 불가해성을 해석하는 방법론적 개념으로 'AI 연금술'이라는 표현을 만들어 대중화했다.

현재의 인공지능은 과학 연구 분야, 기술 집합체, 그리고 급성장하는 시장이라는 이상한 집합체로 남아 있으며, 이 세 분야 모두 일부 소수의 주체들이 지배하고 있다. 이들은 재정 능력과 산업 정책 전문성 면에서 G20의 일부 국가들과 필적할 정도다.

기초 연구에서 시장 출시까지의 혁신 과정이 몇 년에서 몇 개월로 단축되는 것은 노골적으로 가속주의에서 비롯된다. 시장의 단기 수익성 요구와 규제 장치의 약화는 이러한 흐름을 더욱 강화하고 있다.

주요 학술 대회(예: 정보처리 신경망 학회(NeurIPS)나 국제 기계 학습 학회(ICML))에서 그들이 미치는 영향이 잘 보여주듯이, 과학 연구의 광범위한 분야가 이와 같은 요구에 발맞추고 있다.

막대한 재정적 자원을 가진 민간 연구소들은 고가의 계산 인프라가 필요한 이 분야에서 쉽게 주도권을 잡고 있으며, 가장 우수한 인재들을 끌어들이고 있다. 이 분야에서도 다른 여러 분야와 마찬가지로 과타리가 언급한 '새로운 연합'은 국가와 시장의 분리를 필요로 한다.(12) **ID**

글·빅토르 쉐 Victor Chaix
디지털 인문학 박사과정 연구자
오귀스트 르위거 Auguste Lehuger
AI 연구 엔지니어
자코 사페이-트리옹프 Zako Sapey-Triomphe
엔지니어

*이 글은 X-Alternative 싱크탱크 사이트에 게재된 보고서(2024년 10월)를 요약한 것이다.

번역·김민영
번역위원

(1) 『마르첼로 비탈리-로사티, 버그 찬양: 디지털 시대의 자유』, Zones, 파리, 2024.
(2) 「거시경제적 제안: 새로운 인민전선의 프로그램」, 2024년 6월.
(3) 『세드릭 뒤랑과 라즈미그 쾨쉐얀, 갈림길: 생태 계획의 원칙』, Zones, 2024.
(4) 제임스 브라이들, 「그래서 아마존의 'AI 기반' 무인 매장은 상당수 인간을 사용하고 있다. 이게 놀랍지 않은 이유」, <가디언>, 런던, 2024년 4월 10일.
(5) 케빈 트루옹, 「백인 버락 오바마의 이미지는 AI의 인종적 편향 문제를 잘 보여준다」, 2020년 6월 23일, www.vice.com
(6) 조아나 바론 (편집), 「연합형 AI 커먼스 생태계 구축」, T20 정책 브리핑, 2024년 6월, https://codingrights.org
(7) 앤 알롬베르트와 주세페 롱고, 「인공지능은 없다: 광고 이데올로기에서 벗어나기 위해 디지털 자동화를 이야기하자!」, <뤼마니테>, 파리, 2023년 7월 11일.
(8) 빅토르 푸티, 『Ars Industrialis 용어집』 (베르나르 스티글러 저), 국민전선의 약리학 중에서, 플라마리옹, 파리, 2013.
(9) 에브게니 모로조프, 「또 다른 인공지능은 가능하다」, <르몽드 디플로마티크> 프랑스어판 2024년 8월.
(10) 펠릭스 과타리, 「사회적 실천의 재구성을 위하여」, <르몽드 디플로마티크> 프랑스어판 1992년 10월.
(11) 크리스토프 드니, 「복잡한 현상을 이해하기 위한 철학적 스케치와 기계 학습 기반 예측 도구」, 프랑스어 지식 추출 및 관리 학회-'Explain'AI 워크숍, <블루아>, 2022년 1월.
(12) http://aialchemy.media.mit.edu/

근무 관리 소프트웨어 '오리옹'에 대한 분노

SNCF 철도원들, "우리는 대체품이 아냐!"

셀림 데르카위 ▋기자

애초에 그건 철도원들에게 필요가 없었다. 몇 해 전부터 채용이 줄어든 탓에 근무 환경은 이미 심각할 정도로 나빠져 있었기 때문이다. 그런데 인력 관리 소프트웨어 '오리옹'의 도입으로 상황은 더 악화됐다. "항상 근무 전날에야 근무 시간과 장소가 정해진다. 불과 몇 시간 전에 정해진 적도 있었다. 아이를 한 명 키우면서 이렇게 일하는 건 너무 힘들다. 오리옹 때문에 상황이 더 안 좋아졌다!" 익명을 요구한 RER 기관사 나탈리의 말이다.

기관사들의 근무 시간표를 계획하는 이 소프트웨어는, 2021년 6월부터 생라자르역의 트랑실리앵(일드프랑스 지역 열차 및 RER노선)에 시범 운영 중이다. 예전에는 업무 분장을 담당하는 인력 관리 매니저(GM)들이 전적으로 맡았던 일인데, 이제 오리옹이 이 과정을 '합리적으로 처리'한다.

이 프로그램은 전체 기관사의 근무 시간표를 근무일 바로 전날이나 심지어 몇 시간 전에도 변경할 수 있다. 예를 들어, 직장에서 한 시간 거리에 살고 있는 나탈리도 다음날 근무 시작 시간이 오전 5시가 아닌 오전 3시 30분으로 바뀌었다는 사실을 잠자리에 들기 직전 알게 될 수 있다.

"우리는 언제든지 대체할 수 있는 숫자에 불과"

나탈리의 퇴근이 파리에서 북서쪽으로 28km가량 떨어진 세르지(발두아즈) 구역으로 예정됐다고 하더라도, 실제로는 파리에서 서쪽으로 57km에 위치한 망트라

졸리(이블린) 구역에서 퇴근하게 될 수도 있다. "우리는 언제든 대체할 수 있는 숫자에 불과한 존재가 돼버렸다." 철도 노동자 조합 연맹 '쉬드 라이'의 조합원이자, RER J 노선(파리 생라자르발 에르몽-오본행, 지조르행, 망트라졸리행, 베르농-지베르니행 노선)을 운행하는 니콜라 에몽이 지적했다.

예전에는 기관사들이 개인적으로 중요한 문제가 생겼을 때, GM을 찾아가면 GM이 최대한 기관사 사정을 고려해서 일정을 조정해 줬다. 지금은 상상하기 어려운 일이다. 알고리즘과는 대화가 불가능하니 말이다. 게다가 운행 횟수에 따라 계산되는 500~1,000유로 가량의 '연장' 수당, 야간 근무 수당, 생라자르에서 멀리 떨어진 곳에서 근무가 끝나 다른 지역에서 잠을 자고 올 수밖에 없는 경우에 지급되는 '출장' 수당 등 기관사들이 받아 왔던 여러 수당을 더는 받지 못한다.

에몽은 불만을 토로했다. "오리옹은 시간을 절약하고, 운행 횟수를 줄이는 것을 목표로 계산한다. 그러니 결국 우리가 받을 수 있는 수당도 줄어든다." 게다가 임금은 8년째 변함이 없는데, 프랑스 국영철도 SNCF 경영진은 2022년 급격한 인플레이션을 고려한 고작 몇 %의 인상만을 제안했다. 인력 부족을 이유로 철도원들이 7월과 8월에는 휴가를 쓰지 못하도록 제한하기까지 했다. 철도원들의 불만이 쌓여갔고, 차고지에는 이의를 제기하는 목소리들이 커졌다. 그 결과, 6월 13일과 23~24일, 파업이 이뤄졌다.

그러던 중 2022년 6월 27일, 결국 오리옹의 업무 편성이 발표되었다. 반발은 점점 더 커져갔고, 6월 29일과

30일, 파리 생라자르역 철도원들은 열차 운행을 거부했다. 전체 직원 중 70% 이상이 파업에 동참한 것이다! 이들은 니콜라 사르코지 정권 때 도입해, 파업 48시간 전에 파업 참여를 미리 알리도록 한 '개인 의사 표시' 없이 '가방 놓기' 즉, 갑작스럽고 단호한 운행 중단을 결정했다. 쉬드 라이의 조합원 레미 베피에르에 따르면 "기관사는 파업 당일에 승강장의 전화기 앞에 가방을 놓고, 열차 운행량을 관리하는 동료 담당자들에게 전화를 걸었다. 그게 끝이었다!" 경영진은 이를 두고 용납할 수 없는 '우발적 파업'이자 '불법적 움직임'이라 지적했다.(1)

베피에르는 "오리옹은 SNCF가 캐나다 운송회사 지로에게서 매우 비싼 가격에 구입한 소프트웨어 Hastus를 트랑실리앵 버전으로 만든 것이다.(2) TGV, TER, Intercité 등 SNCF에서 운영하는 다른 열차에도 각기 고유한 버전의 Hastus가 도입될 것"이라고 설명했다. SNCF 트랑실리앵 경영진들은 소프트웨어 비용에 대한 언급은 회피한 채, 문제가 있는 이 프로그램을 사용하는 이유에 대해 원론적인 답변만을 내놓았다. "오리옹은 여러 가지 주요 기능을 단 하나의 프로그램으로 통합해, 열차 관리 및 기관사 스케줄 관리의 간소화 및 단일화를 가능하게 한다. 가장 중요한 기능은, 운송 계획에 영향을 줄 수 있는 요소들을 최대한 예측해 대비할 수 있다는 점이다. (…) 프로그램을 모든 노선에 도입하기 전에, 초반 버그들을 조정 및 수정하고, 실무에서 철도원들의 사용성이 개선될 수 있도록 시범 노선에 도입해 몇 달 동안 시험 중이다." 그러나 과연 일선 철도원들이 반기고 있다

SELÇUK

고 할 수 있을까…….

SNCF 철도원들, 오리옹 소프트웨어의 폐지를 요구

노조에게 이 시범 소프트웨어는 근무 유연성을 높이고 인력 부족을 보충할 수도 있는 수단이다. 전국적으로 부족한 기관사 인력은 약 1,200명으로 전체 철도원의 10%에 달하는 수치이기 때문이다.(3) 하지만 여객 전문 운송 자회사 'SNCF Voyageur'의 CEO 크리스토프 파니셰는 "운송 계획을 위태롭게 하는 긴장된 상황"을 인정하면서도 인력 부족에 대해서는 수긍하지 않았다.(4)

경영진에서 임금과 근무 환경을 이유로 신규 채용을 거의 실시하지 않는 것 외에도, 노르 지역의 에리크 보케(공산당) 상원의원이 2020년 12월에 이미 지적한대로, 인력 부족에는 또 다른 이유가 있다. "2019년에만 퇴사자수가 40% 증가했다. 유례가 없는 수치다! 대규모 퇴사의 원인은 바로 SNCF 경영진이, 민간 분야로 이직을 시도하는 철도원들에게 퇴사를 권유해 공기업 직원으로서의 지위를 잃게 만든 뒤, 임금 상승을 조건으로 민간 기업 직원 신분으로 재고용하기 때문이다."(5)

모든 기관사는 1년간의 교육을 이수해야 한다. 한 기관사는 자신이 3주마다 파리-투르 왕복 노선을 운행하던 당시의 일과를 들려줬다. 하루 8시간 현장에서 근무하고, 집에 돌아와 3시간 동안 과제를 해야 한다. "또한, 성공 기회를 얻기 위해서는 주말까지 반납해야 한다." 그 후 정식으로 채용이 된다하더라도 "처음 받는 급여가 1,626유로에 불과하다. 그러니 수당에 기댈 수밖에 없다. 평일 저녁이나 주말을 희생하고 싶은 마음이 사라진다."

하지만 경영진은 이런 근본적인 문제를 해결하기 보다는 오리옹을 통해 인력 문제를 해결하길 바라고 있다. SNCF 트랑실리앵의 언론 담당 책임자 아이메리크 앙슬랭은 이렇게 설명했다.

"이 두 가지는 완전히 다른 문제다. 코로나19로 비롯된 보건·경제·사회 위기 때문에 채용과 직원 교육이 지연된 것뿐이다. 현 2,650명 기준 약 50여명이 부족한 것으로 추산되는 기관사 부족 문제로, 몇몇 노선에서 주간 운행이 감축될 수 있다."

2022년 초여름, 철도원들은 모든 문제를 종합해, 소프트웨어 오리옹의 폐지 및 최소 3주 전 작업 스케

줄 확정, 채용, 임금 인상 등을 요구했다. 파리 생라자르역 기관사들의 '가방 놓기'는 7월 4일에 파리 동역 기관사들에게, 그 이튿날에는 파리 북역 기관사들에게로 퍼졌다. 파업이 '불법'적이든 아니든, 경영진들은 결국 한발 물러났다. 근무 내용에 변경이 있을 경우 의무적으로 철도원들의 동의를 받도록 했고, 1,000유로 상당의 수당 지급 및 2023년까지 '휴가 매뉴얼' 폐지 등을 약속했다.

그러나 근본적인 문제는 해결되지 않았다. 여전히 운영 중인 오리옹 프로그램은 전국으로 확대 될 우려가 있고, 근무 환경도 여전히 해로우며, 인력 부족도 심각한 수준이다. SNCF 직원 노조인 'Unsa-철도'에 따르면, 2018년에서 2021년 사이, 6,500개의 일자리가 감축됐고(6), 프랑스의 대표 노조 CGT에 따르면 8년간 전체의 12.6%에 해당하는 일자리 2만 개가 줄어들었다.(7) 열차 고장, 운행 지연 및 취소, 안전설비 부족 문제, 열차 사고 등 인력 감축으로 인한 영향은 올 여름에 더욱 두드러졌다. 이 모든 문제의 배경에는 결국 철도 시장 개방으로 인한 경쟁, 하도급 문제, 막대한 비용의 고속철도 노선 개발, TER 민영화, 지방 연결 노선 폐지 등이 자리한다. 요컨대, 공공 서비스가 분해된 것이다. ⒧Ⓓ

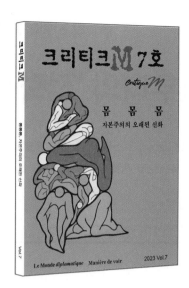

크리티크M 7호
『몸몸몸,
자본주의의 오래된 신화』
권 당 정가 16,500원

글·셀림 데르카위 Selim Derkaoui
기자. <르몽드 디플로마티크>와 <메디아파르> 등에 사회적 현안을 기고하고 있다.

번역·김자연
번역위원

(1) Sud Rail Paris Saint-Lazare, 2022.6.30.
(2) 「La SNCF choisit Hastus pour son réseau ferroviaire transilien en Île-de-France SNCF가 일드프랑스 트랑실리앵 철도망에 Hastus 소프트웨어를 도입하다」, Giro 웹사이트, 2018.2.28.
(3) Franck Bouaziz, 「Trains supprimés faute de conducteurs : la SNCF cherche à pourvoir 1200 postes 기관사 부족으로 사라진 열차들: 1,200 명을 채용하려는 SNCF」, <리베리시옹>, Paris, 2022.8.26.
(4) Ville Rail & Transports 인터뷰, Paris, 2022.8.31.
(5) 에리크 보케(Nord-CRCE) 의원 서면 질의 n° 19509, <관보>, 프랑스 상원, 2020. 12.10.
(6) 「SNCF : Bilan social 2021. Et ça continue encore et encore··· SNCF: 2021 고용 현황 보고서. 문제는 여전히 계속 된다······.」, Unsa ferroviaire, Paris, 2022.5.6.
(7) 「SNCF : Réduire les effectifs n'est pas sans conséquences SNCF: 인력 감축에는 결과가 따른다.」, CGT 홈페이지, 2022.9.9.

미 상원이 사우디의 '스포츠 워싱'을 경계하는 이유

사우디의 '전략적 용병', 맥킨지와 BCG그룹

맥킨지(McKinsey), 보스턴 컨설팅 그룹(BCG) 등 미국 주요 컨설팅 기업들이 사우디아라비아가 추구하는 국익 관련 전략적 목표에 용병으로 활용되고 있다. 이를 미국 상원 조사위원회가 우려의 눈초리로 예의주시하고 있다.

루이 칼로넥 ▌파리 정치대학 학생

"오늘 우리가 다루는 문제는 역사적으로 매우 중요한 사안입니다."

미국의 민주당 상원의원 리처드 블루멘탈은 지난 2월 6일, 미 상원 국토안보 및 정부활동위원회 청문회에서 네 개의 미국 컨설팅 회사의 대표들에게 이렇게 발언했다.

미국 의원들은 맥킨지(McKinsey), 보스턴 컨설팅 그룹(BCG), 테니오(Teneo), 클라인 앤 컴퍼니(Klein & Company)가 사우디아라비아 권력 전략에 깊이 개입한 점에 관심을 두고 있다. 이 사안은 2023년 6월, 사우디아라비아가 미국 스포츠에 대규모 투자(구단 구매, 선수 후원 등)를 준비한다는 보도가 나오면서 시작되었다.(1)

미 상원은 리야드 당국의 의도를 파악하고자, 9,000억 달러 이상의 사우디 자산을 관리하는 네 개 컨설팅 회사에 그간의 활동을 상세히 기록한 자료의 제출을 요구했다. 이에 사우디 사법 당국은 관련 문서가 미 의회에 제출될 경우 해당 기업 직원들을 투옥하겠다고 위협하면서부터, 이 문제는 정치적인 성격을 띠게 되었다. 사우디 사법당국은 이러한 문서 공개가 국가 안보 이익을 침해한다고 주장했으며, 이에 미국의 조사위원회는 "컨설팅 회사를 통한 사우디아라비아의 미국에 대한 영향력 조사"를 시작했다. 이를 주도한 블루멘탈 의원은 "미국 기업이 수행하는 컨설팅 업무가 미국 스포츠에 관련된 것인데도 어떻게 사우디아라비아의 국가 안보 문제와 연결

되는지"를 밝히겠다고 말했다.

미국 스포츠가 왜 사우디 안보와 관련되나?

1970년대 석유 붐 이후, 미국의 컨설팅 회사들은 사우디 정부의 경제 징책을 지원해 왔다. 심지어 사우디의 국토계획부는 "맥킨지 부서"라고 불릴 정도였다. 2015년, 맥킨지는 〈석유 이후의 사우디아라비아〉라는 보고서를 작성하여, 사우디 내부 에너지 소비 증가가 석유 수출을 줄여 왕국의 안정성을 위협할 것이라고 경고했다. BCG는 석유 의존도를 줄이기 위해 경제 다각화와 재생에너지 개발 등을 목표로 하는 비전 2030 계획을 설계하는 데 핵심적인 역할을 했다.(2)

이와 같은 방식으로 미 컨설팅사들의 영향력이 확대되었다. 맥킨지는 사우디아라비아와 세계 여러 국가 간 관계 개선을 목표로 하는 사우디 국제 전략적 파트너십 센터(SCISP) 설립에도 참여했으며, BCG는 2030년 FIFA 월드컵 유치를 위한 사우디의 도전을 지원했다.

이러한 컨설팅 회사들의 활동은 기고를 통해 사우디의 정책과 왕세자에 대해 비판해온 〈워싱턴 포스트〉 소속 언론인 자말 카슈끄지가 2018년 이스탄불의 사우디아라비아 영사관에서 불의에 살해된 후 미국 당국의 의심을 사기 시작했다. 이 사건을 계기로 사우디아라비아의 개방, 개혁 약속은 정치적 다원주의로 실현되지 않

으리라는 것이 분명해졌다.

이에 여러 기자들이 주요 컨설팅 회사들과 사우디 정권 간의 협력 관계를 취재하기 시작했다. 월트 보그다니치와 마이클 포사이스는 특히 아랍의 봄 이후 사우디 왕정이 대중 봉기 위험을 최소화하기 위해 데이터 분석 전문 회사인 영국의 캠브리지 애널리티카(Cambridge Analytica)의 디지털 서비스를 활용한 방식을 밝혀냈다. 캠브리지 애널리티카는 2016년 미국 대선에서 도널드 트럼프를 지원하기 위해 페이스북 사용자 데이터를 불법 이용한 혐의를 받은 기업이다.(3) 그리고 맥킨지의 전문성을 결합한 방식도 드러났다.(4)

2015년, 맥킨지는 사우디 당국에 긴축 정책에 대한 대중의 반응을 예상하는 보고서를 제출했다. 이 보고서에서 컨설턴트들은 향후 개혁에 대한 논쟁을 촉발할 가능성이 있는 사우디 국민들을 실명으로 언급하며, 이들 중 특히 소셜 미디어에서 활발히 활동하는 이들을 지목했다.

그중 한 명인 언론인 칼레드 알알카미는 이 보고서 제출 후 체포되었고,

또한 보고서에 언급된 망명 활동가 오마르 압둘아지즈는 그의 두 형제가 체포되었다는 소식을 접했다. 그의 전화기가 해킹되면서 자말 카슈끄지와의 민감한 대화 내용이 노출되기도 했다.

비록 맥킨지의 보고서와 카슈끄지 살해 사건의 직접적인 연관성을 입증하기는 어려우나, 맥킨지는 "자신들의 작업이 어떤 방식으로든 악용되었을 가능성, 설령 그 가능성이 미약하다 해도 그럴 수도 있다는 것에 충격을 받았다"라고 공개적으로 해명했다.(5)

미 상원의 조사는 이러한 상황에서 진행되었다. 청

문회에서 클라인 앤 컴퍼니의 대표는 "두 개의 법적 명령 사이에 갇혀 있다"라며 이 사안의 복잡성을 변호하려 했으나, 블루멘탈 의원은 이 주장을 일축했다.

사우디와 비밀 유지 조항이 포함된 계약을 체결함으로써 이들 컨설팅 회사는 미국 법을 의도적으로 회피했다는 것이다. 법적 논쟁을 넘어서자 상원의 비판은 정치적이고 비외교적인 색채를 띠기 시작했다.

한 상원의원은 사우디 사법부의 압력에 대해 "이건 한심하다! 도대체 뭘 숨기고 있는가?"라며 의문을 제기했고, 다른 의원은 사우디를 중국과 같은 경쟁국으로 비유하면서 "컨설팅 업체는 사우디 편을 택한 것이지 미국 편이 아니다. 만약 중국이었다면 당신들 태도는 같을 것인가?"라고 반문했다.

이에 BCG의 최고경영자는 "BCG는 두 가지 충성심 사이에 갈등을 겪고 있다"라고 인정했다. 블루멘탈 의원은 사우디의 미국 스포츠 투자를 '국가나 조직이 스포츠 정신과 게임 열기를 앞세워 인권 유린 등과 같은 부정적 평판을 세탁하려 하는 움직임'을 말하는 "스포츠워싱(Sports Washing)"으로 규정하며 그 정치적 성격을 지적했다.

상원의 조사는 이중 게임을 통해 배를 불려온 컨설팅 대기업들의 비즈니스 모델에 큰 위협을 가하고 있다. 이들은 공공과 민간을 동시에 컨설팅하며 이익을 쌓았다.

예를 들어, 맥킨지는 미국 49개 주에서 오피오이드 위기, 즉 진통제 부작용에 따른 중독, 사망 등 각종 피해에 대한 책임으로 고소당했는데, 그 이유는 진통제의 위험성을 알면서도 제약업계에 공격적 마케팅을 권장함과 동시에 보건 당국에는 규제 완화를 조언했기 때문이다.

'두 가지 충성심' 사이에서 갈등을 겪는 미 컨설팅 회사의 이중성

이중성은 국제 관계에서도 확장된다. 동일한 컨설팅 회사들이 미국 국방부와 미국의 경쟁국 정부 모두를 조언하는 경우도 있다. 청문회에서 조시 홀리 상원의원은 자신이 오피오이드 위기로 큰 타격을 받은 미주리 주를 대표한다고 밝히며, 컨설턴트들의 이중성에 대해 질문했다.

이에 맥킨지의 로버트 스턴펠스 회장은 "우리는 고객의 지정학적 이해관계에 관여하지 않는다"라고 답했으나, 홀리 의원은 이를 끊으며 "그럴 것이다. 아주 수익성 높겠지! 적국과 일해서 돈을 벌고 미국 납세자의 돈으로 또 수백만 달러를 벌다니, 정말 경악스럽다! (...) 왜 우리 정부와 계속 계약해야 한다고 생각하나?"라고 반박했다.

조사위원회 위원장은 최종 발언에서 법 강화를 요구하며 이들 컨설팅 회사의 경제 모델을 명시적으로 위협했다. 이를 위해 법무부는 개인 또는 기업이 외국 정부의 이익이나 전략적 목표를 위해 일할 경우 자국 정부에 자신의 활동을 공개하는 것을 의무로 하는 외국인 대리인 등록법(FARA) 개정을 준비하고 있으며, 개정법안이 2024년 하반기에 통과되면 제3국을 대리하는 미국 컨설턴트들은 이 '외국 대리인'으로 등록해야 한다.

이 충격적인 청문회에서 세 가지 결론을 도출할 수 있다. 가장 분명한 결론은 사우디-미국 관계의 악화이다. 미국과 사우디와의 관계는 미국의 중동 전략 핵심축이다. 이번 사건은 오랫동안 일치해 온 미국과 사우디의 이해관계에 모순이 발생한 가능성을 드러냈다. 사우디-미국 관계는 2018년 자말 카슈끄지 암살과 사우디의 예멘 전쟁을 계기로 2020년에 크게 악화되었다.

당시 미 대선 후보였던 조 바이든은 사우디 실권자인 무함마드 빈 살만(MBS)을 '왕따'로 대하겠다고 공언했다. 그러나 러시아의 우크라이나 침공이 초래한 에너지 위기로 인해 바이든 대통령은 자신의 입장을 완화할 수밖에 없었다.

바이든은 2022년 6월 리야드를 방문해 화해를 시도했으나, 두 달 후 빈 살만은 푸틴과 석유 생산량 제한에 합의하며 바이든에게 굴욕을 안겼고, 2023년에는 중국의 중재로 이란과 협정까지 체결하며 바이든과 대립을 반복했다.(6)

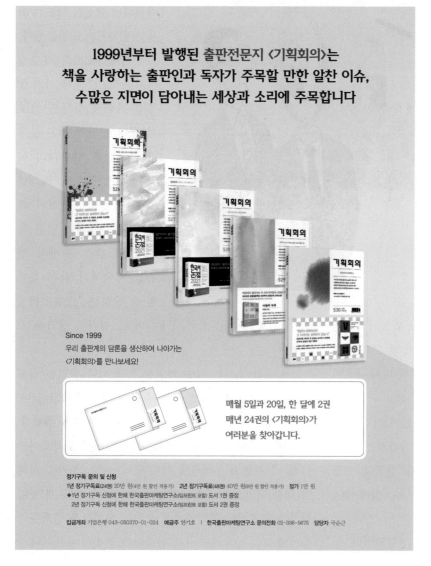

이 위기에서 두 번째로 도출할 수 있는 결론은 미국 정부와 오랜 기간 영향력 수단으로 여겨져 온 컨설팅 대기업들 간의 관계이다. 아랍 세계에서 외국 자문가를 활용하는 것은 흔한 일이며, 연구자 다우드 안사리와 이자벨 베렌펠스는 이에 대해 식민지 역사에서 비롯된 힘의 관계로 설명한다. "과거 식민지 국가들이 외국의 영향을 받고 그들의 결정에 따라 움직였던 역사가 반영되어 있다."(7)

미 컨설팅기업과 사우디의 공생 관계, 미국의 국익에 반대될 수 있어

이처럼, 아랍 정부와의 관계에서 미국 컨설팅 회사들이 수행하는 역할은 19세기에 오스만과 이집트 행정의 '근대화'를 위해 고용된 유럽 자문가들의 역할을 떠올리게 한다. 이후, 프랑스와 영국의 협력자들이 새로 독립한 국가들의 행정에 영향을 미친 사례와도 유사하다.(8)

역사적으로 외국 자문가 활용은 과거 서구 지배 당시에 지배국가가 컨설팅을 통해 약소국에 영향력을 행사하는 기회였던 반면 이번 사우디에 대한 미국 기업의 컨설팅은 오히려 미국의 이익에 반하는 것이라는 점에 미국 의회가 실망하고 있다.

이번 사건은 사우디의 권위주의와 컨설팅 대기업의 기업 모델 간의 놀라운 공생 관계를 드러낸다. 한때 미국 경제 이익의 트로이 목마였던 이들이 이제는 미국 상원에서 외국 영향력의 전초 기지로 여겨지고 있다는 점은, 사우디 권력과 이들 민간 전략가들 간의 밀접한 관계가 아니고서는 설명하기 어렵다.

이 사건은 사우디아라비아에 대한 우리의 시각을 재검토할 필요성을 제기한다. 그간 사우디는 자체 전문 지식 생산 능력이 부족해 미국 컨설턴트들의 그림자 속에서 통치되고 있다고 생각되어 왔으며, '맥킨지 부서'라는 표현에서도 어느 정도 암시되고 있다.

그러나 월트 보그다니치와 미이클 포사이스가 설명하듯, 이들 컨설턴트는 "무엇보다도 고객의 목표를 정당화하는 역할을 수행"하며, 사전에 결정된 정책에 전문성의 겉치레를 입히는 역할을 한다.

실제로 사우디는 맥킨지와 BCG의 보고서를 기다리지 않고도 자국의 석유 의존 문제를 인식하고 있었으며, 사우디 고위 석유 관계자들은 2000년대 초부터 이 위험에 대해 경고해왔다고 역사학자 필립 페트리아는 전한다.(9)

따라서 컨설팅 회사들의 지원은 주로 전문가로서의 보증을 제공하여 비인기 개혁을 정당화하는 데 사용되었다. 사우디 권력이 이러한 미국 컨설팅 회사들을 활용해 자국의 목적을 정당화하고, 나아가 이를 워싱턴의 이익에 반하게 돌려세우는 데까지 이르게 된 것일까?

이에 대해 반론할 수 있는 점은, 바로 이러한 전문 지식의 도구화를 제공하는 것이 이들 회사의 본질적인 서비스라는 것이다. 진실은 아마도 이 두 가지 관점 사이에 존재할 것이다.

분명한 것은 적어도 '미국 컨설턴트들의 지시에 따르는 사우디아라비아'라는 고정 관념과는 멀리 떨어져 있다는 것이다. ⓛⓓ

글·루이 칼로넥 Louis Callonnec
파리 정치대학 대학원생

번역·성지훈
번역위원

(1) Karim Zidan, 「How Saudi Arabia buys influence in US Sports 사우디아라비아가 미국 스포츠에 영향력을 행사하는 방식」, <Play The Game>, 2024년 6월 27일, playthegame.org.
(2) Akram Belkaïd, 「Le Golfe par ses mots 단어로 보는 걸프」, <르몽드 디플로마티크> 프랑스어판 2013년 8월.
(3) Frank Pasquale, 「Mettre fin au trafic des données personnelles 개인 정보 거래 종식하기」, <르몽드 디플로마티크> 프랑스어판 2018년 5월.
(4) Walt Bogdanich et Michael Forsythe, 『McKinsey, pour le meilleur et pour le pire 맥킨지, 최고의 파트너이자 최악의 파트너』, Buchet-Chastel, Paris, 2023.
(5) Katie Benner, Ben Hubbard, Mike Isaac et Mark Mazzetti, 「Saudis' image makers : A troll army and a twitter insider 사우디의 이미지 조작: 트롤 군단과 트위터 내부자」, <뉴욕타임스>, 2018년 10월 20일.
(6) Akram Belkaïd et Martine Bulard, 「Pékin, faiseur de paix? 평화 조정자로서의 베이징?」, <르몽드 디플로마티크> 프랑스어판 2023년 4월.
(7) Dawud Ansari et Isabelle Werenfels, 「Akteure im schatten : Westliche consultancies in der arabischen welt 그림자 속의 행위자들: 아랍 세계에서의 서구 컨설팅 회사들」, Deutsches Institut für Internationale Politik und Sicherheit, 베를린, 2023년 9월 28일.
(8) Ghislaine Alleaume, 「Les techniciens européens dans l'Égypte de Muhammad Alî (1805-1848) 무함마드 알리 시대 이집트의 유럽 기술자들 (1805~1848)」, <Cahiers de la Méditerranée>, n° 84, 니스, 2012.
(9) Philippe Pétriat, 『Aux pays de l'or noir. 'Une histoire arabe du pétrole 검은 황금의 나라들: 아랍 석유의 역사』, Folio, 파리, 2021.

탈식민주의자라는 잘못된 미화

거짓으로 가득한 미테랑의 허위 신화

아프리카를 '잃지 않기' 위해서라면 어떤 대가를 치르더라도, 다소 자유주의적인 개혁이든 독립운동가들에 대한 억압적 조치든 뭐든 불사하겠다는 것이 프랑수아 미테랑의 신념이었다. 그러한 신념은 그가 1950년대 초 프랑스 내무부 장관을 역임할 때부터 시작된 것이다. 그리고 그가 끝까지 고수했던 자신의 신식민주의 철학은 많은 역사가들과 전기 작가들에 의해 은폐되었다.

토마 델통브 ▌저널리스트

프랑수아 미테랑(1916~1996)이 평생 자신의 과거를 얼마나 능숙하게 위장해 왔는지 아카이브를 살펴보면 놀라지 않을 수 없다. 그는 1930년대 청년 시절의 민족주의부터 1990년대 르완다 투치족 집단 학살에 대한 책임, 그리고 불륜과 숨겨진 딸, 암에 이르기까지 숨기려 했던 것들이 밝혀지는 데 수년, 아니 수십 년이 걸렸다.

그런데도 프랑스 대통령으로서의 재임 기간(1981~1995)이 유독 길었던 그의 경력 중에는 이상하게도 은폐된 한 묶음이 더 남아 있다. 그것은 그의 제4공화국 시절의 정치 경력이다. 전기 작가들은 1947년부터 1957년 사이에 11개 내각에서 다양한 장관직을 맡아 일했던 니에브르 출신 젊은 의원(1946) 미테랑의 야망을 강조해 왔다. 또한 역사가들은 그가 알제리 전쟁(1954~1962) 동안 피에르 멘데스 프랑스 내각의 내무부 장관(1954~1955), 그리고 기 몰레 내각의 법무부 장관(1956~1957) 등으로 일하면서 취했던 행적에 대해 연구했다. 그가 남긴 "알제리는 프랑스다!"라는 유명한 발언은 누구나 알고 있을 것이다.

프랑스 해외영토부 장관 시절의 흑역사

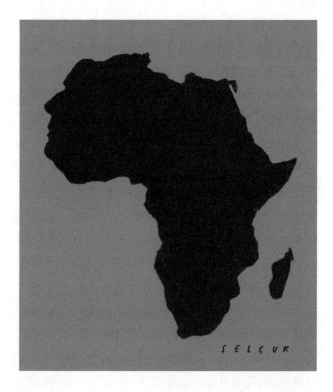

그러나 이 시기에 미테랑의 구체적 활동은 잘 알려지지 않았다. 식민지 민중들의 정치적·사회적 요구가 급증했던 터라 그가 추구했던 정책의 본질이 교묘하게 은폐되었던 까닭이다. 이후 수십 년간 그는 진정한 좌파 정치인이라는 이미지를 구축을 위해 노력했으며, 덕분에 反식민주의자라는 이미지와 함께 '탈(脫)식민주의자'라는 끈질긴 신화를 만들어냈다.

이 신화의 핵심은 그가 1950년 전후 프랑스 해외령(outre-mer) 장관 시절에 남긴 왜곡된 이야기에 근거

한다. 이 전설에 따르면, 독립 관련 아프리카와 프랑스 간의 접촉이 활발했던 시기에 해외령 장관직을 맡은 젊은 미테랑은 당시 코트디부아르의 국회의원이자 아프리카 사하라 이남 지역의 주요 정치 단체인 아프리카 민주연합(RDA) 회장이었던 펠릭스 우푸에부아니를 만나 설득을 통해 아프리카의 독립을 지지하는 프랑스 공산당(PCF)과의 동맹을 포기하게 만든 정치적 성과를 거둔 것으로 알려졌다. 두 사람은 아프리카 대륙에 싹트던 독립의 기운을 함께 억눌렀고, 폭력 사태 없이 모든 프랑스령 아프리카의 독립으로 이어지는 탈식민화의 기초를 다졌다고 한다.

미테랑은 프랑스 제4공화국이 붕괴한 직후부터 시작된 이 전설을 이후 수년간 거의 모든 대화 상대에게 되풀이했다. 심지어 그는 1965년 드골 장군과의 대선 당시에 이 이야기를 선거 캠페인으로 사용했다. 당시 그는 수백만 명의 TV 시청자들 앞에서 "감옥이나 교도소에 있었던 아프리카 정치 지도자들 대부분을 석방했다"고 주장하며, 그로 인해 자신의 용기있는 대화 정책을 거부하는 이들의 거센 비난을 받아야 했다고 밝혔다. 미테랑은 프랑스 해외령부에서의 자신의 행동을 "분명히 나에게는 중요한 사건이었고, 프랑스를 위해서도 그러했을 것이다"라고 강조했다.(1)

이 뻔뻔한 거짓말은 1986년 출판된 그의 책 『Ma part de vérité(나의 진실의 몫)』(Fayard)에서 반복되었으며, 이 책은 1969년 거짓 미테랑 만들기에 일조한 언론인 알랭 뒤아멜 기자와 함께 만들어낸 것이다. 예를 들어 그는 "내가 자유를 준 이들 중 일곱 명이 (아프리카) 공화국들의 대통령이 되었다"라고 썼다. 하지만 실제로 그는 단 한 명의 아프리카 지도자도 석방한 적이 없었으며, 그가 책임을 맡고 있을 당시 감옥에 갇혀 있던 미래의 국가 원수는 없었다!

이후 미테랑의 발명품인 이 "신화적 진실"은 그와 관련된 모든 저서를 통해 퍼져 나갔다. 그의 전기 작가들이 쓴 글들에서 다양한 형태로 나타나는데, 예를 들어 프란츠-올리비에 지스베르는 미테랑이 프랑스 해외령부에서 실시한 정책을 매우 "모범적"이라고 평가했다 (『프

랑수아 미테랑 또는 역사의 유혹』, 1977).

또는 장 라쿠튀르는 이 젊은 장관이 '흑인의 해방'을 위해 얼마나 열정적으로 일했는지를 감탄조로 묘사했다 (『미테랑, 한 프랑스인의 이야기』, 1998/재발행, 2006).

그의 전설은 프랑수아 말리예와 벵자맹 스토라의 책에서도 묘하게 서술되었다. 미래의 대통령 (미테랑)의 알제리 정책에 대한 충격적인 아이디어를 제공하면서도 (『프랑수아 미테랑과 알제리 전쟁』, 2010), 당사자의 발언과 앞선 전기 작가들의 증언을 토대로 그를 '탈식민주의자'로 묘사하며, 그가 "알제리의 소용돌이"에 휩쓸려 들어갔다고 설명했다.

이 주장은 이제 거의 모든 곳에서 반복되고 있으며, 미셸 위녹(『프랑수아 미테랑』, 2015)이나 필립 쇼트(『프랑수아 미테랑, 모호한 인물의 초상』, 2015)와 같은 최근 전기 작가들조차 이를 받아들이고 있다.

탈식민주의자가 아니었던 미테랑

이들은 미테랑이 제공한 자료 외에는 다른 출처의 어떤 자료에 대해서는 고민도 하지 않았다. 미테랑의 '진실'은 이제 공식적인 것으로 격상되었다. 엘리제궁 웹사이트는 미테랑에 대해 미래의 대통령(미테랑)이 정부의 식민지 정책을 지휘하던 당시 그는 이미 "결단력 있는 탈식민주의 지지자"였다고 명시되어 있다.(2) 대담한 역설이다. 그러나 실제로 그 사람은 결코 '탈식민주의자'가 아니었다. 1951년에 미테랑이 당시 코트디부아르 중요한 정치적 인물이었던 펠릭스 우푸에부아니와 가까워진 것은 독립을 위해서가 아니라 그에 대한 보수 세력들의 평가, 즉 그가 "스탈린주의자"이자 "반(反)프랑스" 운동가라는 것이 근거 없다는 것을 알았기 때문이다.

거대한 카카오와 커피 농장을 소유한 부유한 코트디부아르 국회의원이었던 펠릭스 우푸에부아니는 사실은 독립과 관련한 정치를 했을 뿐 진정한 독립 의지도 없었으며, 오히려 4년 뒤에 "프랑사프리크(프랑스가 아프리카에 대해 끼치는 영향력, 혹은 지배방식—역주)"를 공고히 하여 프랑스 지원 아래 안정적인 통치 기반을 마

련하는 일에 노력하고 있었다.

또한 우푸에부아니가 프랑스 공산당과 결별한 것도 미테랑의 어떠한 압력에 의해서가 아니라 그의 자발적인 결정이었다. 그리고 그는 모든 아프리카 의원들을 자신의 휘하에 연합시키는데 실패한 후 1952년에 니에브르 출신의 미테랑 국회의원과 협약을 맺을 수밖에 없었다. 이 협약은 아프리카 해방이라는 명분 아래 이 두 마키아벨리주의자를 저명한 장관직으로 이끌었다.

1950년대의 미테랑은 프랑스 해외령을 상대로 '프랑스 정체성'을 열렬히 옹호했지만, 그렇다고 해서 식민지 상태를 그대로 유지하는 것을 지지하지는 않았다.

그는 다른 이들과 마찬가지로 자칫 아무것도 하지 않으면 식민지 사회 내에서 '분리주의'를 자극할 수밖에 없다는 점을 인식하고 있었다. 그래서 우푸에부아니에 했던 것처럼 그들 내부의 반항적 기운을 억누르려는 토착 지도자들을 지지하는 것이 중요했고, 독립운동가들의 기세를 꺾기 위해 적시에 '대담한 개혁'을 추진하는 것이 필요했던 것이다(1952년 '프랑스-뷔니시 관계에 대한 연구'에서 그가 이를 권고한 바 있다).(3)

"미테랑은 신식민주의 주요 이론가 가운데 한 명"

미테랑은 1953년에 출판된 그의 책 『프랑스 연합의 국경에서: 인도차이나 전쟁과 아프리카의 전망』에서 "우리에게 유일하게 남은 아프리카의 통치에 해를 끼칠 수 있다"고 말하며 자원과 비용이 많이 드는 인도차이나 전쟁은 속히 끝내야 한다고 주장했다.

즉, 인도차이나는 이미 전쟁 패배로 잃었으니, 보다 중요한 것에 집중해야 한다고 이 젊은 장관 미테랑은 촉구한 것이다. "아프리카라도 잃지 말자는 소위 아프리카 우선"을 말하는 것이었다.

그가 오늘날 '탈식민주의자'라는 과거의 칭호를 얻게 된 것은, 식민지를 상대로 충분히 계산된 '자유주의적' 개혁을 시행하면서도 식민 통치에 있어서 더 이상 감당할 수 없는 짐은 포기하는 방식으로 제국 시스템을 효율화, 합리화하려는 의지 때문이었다. 그러나 그의 전기

작가들이 간과한 게 있다. 그의 그럴 듯한 모습, 즉 겉으로 보기에 진보적인 식민지 현대화 정책으로 보일지라도 이미 그 당시부터 독립운동, 특히 알제리 독립운동 세력으로부터 의심과 우려의 눈으로 각인되었다는 사실이다.

이들은 1954년 즈음 이 정책을 아주 새로운 단어로 지칭했다. 그것은 바로 '신식민주의'였다. 그리고 그들은 프랑수아 미테랑을 그 '신식민주의'의 "주요 이론가들 중 한 명"이라고 분명히 못박았다.(4)

미테랑의 착시 마술, 그리고 역사학적 조롱이 드러나는 대목이다. 당시 알제리 민족주의자들은 오늘날 많은 프랑스 역사가들이 아직도 제대로 인식하지 못하고 있는 것을 이미 꿰뚫고 있었다. 즉, 식민지 시스템의 개혁은 그 지지자들에 의해 제국을 해체하기 위한 방법으로 고안된 것이 아니라, 오히려 그것을 복원하기 위한 수단으로 설계되었다는 점이다.

미테랑, "식민지 개혁은 억압을 배제하지 않는다"

국회의원 미테랑은 1954년 5월, 피에르 멘데스 프랑스(1954~1955년 프랑스 총리역임)에 의해 내무장관에 임명되기 한 달 전에 "프랑스가 위대한 나라라는 감정을 되찾게 할 수 있는 것은 아프리카를 통해서다"라고 열정적으로 말한 바 있다. 미테랑은 지중해 건너편으로 프랑스 청년들을 대거 보내 "창조자이자 미래의 족장으로서의 정복 사회를 구축하는 것"을 꿈꾸었다. 그것은 마치 "50년 전 서부로 향하며 캘리포니아와 텍사스 같은 놀라운 주들을 만들어낸 미국인들"과 같은 모습이었다.(5) 또한 1950년대 미테랑은 "식민지 개혁은 억압을 배제하지 않는다"라고 반복해서 말했다. 식민지 민족들을 올바른 목적지로 이끄는 데 있어 가장 효과적인 것은 바로 '당근과 채찍'의 고전적 기법이라는 것이다. 이는 적어도 1954년 11월 1일 알제리 민족주의 봉기 이후 그가 내무부 장관(1955년 2월까지)과 법무부 장관(1956년 1월~1957년 5월)을 수행하면서 견지했던 그의 주요 정책이었다.

오늘날 우리는 프랑수아 미테랑이 몰레 정부가 시

작한 '평화화' 작업의 핵심 인물이었다는 것을 알고 있다. 그는 1956년 3월, 알제리를 공포의 분위기로 몰아넣은 '특별 권한'을 설정하는 명령에 서명했다. 그는 사형 선고를 받은 알제리 운동가들의 처형을 승인했고, 그들 중 수십 명이 제출한 자비를 구하는 청원에 반대했다.

미테랑, 자신의 전기마저 미화시켜

그는 또한 수십만 명의 프랑스 청년들을 전투에 보내는 것을 지지했고, 1956년 가을 수에즈에서 벌어진 프랑스-이스라엘-영국의 군사 작전을 지지했다. 그는 1957년 초 알제리 전투가 한창이던 당시 언론에 의해 보도된 고문 사실을 축소하기도 했다.

여기서도 프랑수아 미테랑은 이후 자신의 전기를 미화하려고 했다. 그는 결코 영광스럽지 못한 사건들을 삭제했고, 자신이 정부 동료들의 억압적인 성향에 저항했다고 당당히 주장했다. 20년 후, 그는 유명한 전기 작가인 프란츠-올리비에 지스베르트 앞에서 "정직한 역사가들은 어쨌든 몇몇 장관들이 알제리에 대해 자유주의적 입장을 취했음을 알게 될 것이다"라고 주장했다.

지스베르트는 물론 다른 이들도 그 후 이 빛나는 미테랑 법무장관이 그 피의 세월 동안 "항상 올바른 편에 있었다"라고 망설임 없이 주장했다. 미테랑은 자신이 "어쩔 수 없이" 적용했던 이 정책으로 고통받았다고 해설자들은 덧붙이며, 장관이 겪었다고 하는 '불편함'과 '의심'을 관대하게 설명했다. "신중하고, 종종 불행했던 그는 정치 생활에서 최악의 몇 달을 보내게 될 것이다"라고 미셸 위녹은 그에 대한 동정심을 표했다.

북아프리카 민족주의자들에 의해 좌절된 신식민지 계획은 사하라 이남 아프리카 지역에서는 구체화되었다. 몰레 정부는 1956년 6월 가스통 드페르 당시 프랑스 해외영토부 장관이 추진한 법안을 통해 이들 지역에 내적 자치의 시작을 허용했다. 이렇게 하여 각 지역의 신흥 아프리카 엘리트들은 책임 있는 직책을 맡게 되었다.

이 법안은 미테랑과 1956년 1월부터 장관직을 맡고 있던 우푸에부아니가 공동 서명했으며, 몰레 정부 내에

진정한 진보주의자들이 존재했다는 확실한 증거라고 옛 국가원수의 지지자들은 주장했다.

그러나 이는 너무 성급한 평가이다. 왜냐하면 드페르 법안은 많은 역사가들이 나중에 기록한 것처럼 아프리카 식민지의 독립을 준비하기 위한 것이 아니라, 오히려 그것을 피하기 위한 것이었기 때문이다. "아프리카를 지키고 그곳에 머물기. 그것이야말로 아프리카인들이 환상적인 민족주의의 신기루에 눈 감도록 만드는 게 아닌가?"라고 프랑수아 미테랑은 새로운 체제가 발효된 몇 주 후에 논평했다.(6)

3년 후, 사하라 이남 아프리카 식민지들은 독립을 얻게 되었다. 하지만 그것은 형식적인 독립이었다. 1958년에 권력을 되찾은 드골주의자들은 협력이라는 메커니즘을 통해 이 독립을 실질적으로 무력화하고, 프랑스에 가장 충성스러운 '아프리카 친구들'—펠릭스 푸에부아니가 그 선두에 있었다—에게 관리를 맡겼다.

이렇게 프랑사프리크 신식민주의가 제도화되었고, 미테랑은 1950년대에는 신중한 선구자, 1960~1970년대에는 능숙한 비판자, 1981년 엘리제궁에 입성한 후에는 두려운 실천가로서 이 신식민주의를 이어갔다. 🆔

글·토마 델통브 Thomas Deltombe
저널리스트, 편집자, 독립 연구자. 『L'Afrique d'abord ! Quand François Mitterrand voulait sauver l'empire français 아프리카가 우선이다! 프랑수아 미테랑이 프랑스 제국을 구하려 했을 때』(라 데쿠베르트, 2024) 저자.

번역·아르망
번역위원

(1) 로저 루이와의 인터뷰, <ORTF>, 1965년 11월 22일.
(2) www.elysee.fr/francois-mitterrand 엘리제 웹사이트 - 프랑수아 미테랑
(3) 참조: 국립 아카이브, 벵상 오리올 소장 자료, 552 AP/113.
   참조: 「Comment François Mitterrand réinventa la colonisation 프랑수아 미테랑은 어떻게 식민화를 재창조했는가」, 오리앙 XXI, 2024년 9월 3일, 링크
(4) 압델-엘-가니, 「Face au néocolonialisme 신식민주의에 맞서」, <라 나시옹 알제리엔>, 1954년 10월 1일.
(5) <콩바>, 파리, 1954년 5월 19일
(6) 프랑수아 미테랑, 『Présence française et abandon 프랑스의 존재와 포기』, 플롱, 파리, 1957.

'여성 살해'가 미디어에 오르기까지 어두웠던 그늘

페미니사이드, 국가의 방조가 키운 다면적 '여혐' 살해

페미니사이드, 즉 남성권력에 의한 '여성 살해'가 최근 프랑스 언론과 정치 무대에서 중요한 이슈로 부각되고 있다. 이 여성혐오적 살인 개념은 처음에는 앵글로색슨 국가에서 등장했지만, 여성 살해가 빈번한 라틴 아메리카의 페미니즘 학계에서 주목받으면서 학술적으로 더욱 체계적으로 분석되고 있다. 그러나 여성살해 용어는 아직도 부부관계 범위에 국한 되어 있고 형법에도 명시되지 않고 있다.

로렌 다이카르 ▌저널리스트

"**열**정의 오해"(《록 앤 포크(Rock & Folk)》). "그들은 광적으로 사랑했다"(《파리 마치(Paris Match)》). 20년이 지난 지금, 가수 베르트랑 칸타가 배우 마리 트랭티냥을 살해한 사건을 다룬 당시 기사를 다시 들여다보면, 여성에 대한 남성 폭력을 다루는 언론 보도가 어떻게 변화했는지를 실감할 수 있다. 이 여배우는 1년간 동거하던 음악가 연인에게 맞아 결국 뇌부종으로 2003년 8월 1일 사망했다.

당시 보도를 보면 범죄자의 폭력 이력은 대부분의 기자들에 의해 무시된 반면, 사망한 여배우의 연애사는 집요하게 파헤쳐져 비난의 증거로 사용되었다. 그러나 2023년 여름, 이 사건은 대대적으로 재조명되었고, 이는 저널리즘 윤리와 관련해 일종의 언론적 반성으로 이어졌다.

2023년 7월 31일 〈프랑스 2〉 방송은 "당시에는 질투와 격정 범죄라는 표현이 사용되었는데 이는 비극을 정당화하는 듯했다"라고 인정했다. 또한 〈웨스트 프랑스(Ouest-France)〉는 "아직 이름조차 붙여지지 않은 여성 살해"라고 표현했다.

'여성 살해(Femicide)'라는 단어가 미디어에 등장하기까지는 오랜 시간과 공간을 거쳤다. 역사가 리디 보디우와 동료 프레데릭 쇼보는 이 단어의 초기 흔적을 17세기 프랑스어에서 발견했다. 이는 극작가 폴 스카롱의 희곡 〈세 도로테 혹은 따귀 맞은 조들레(Les Trois Dorothées ou Le Jodelet souffleté)〉에서였다.

한 남성이 아내에게 폭력을 가할 때, "당신의 눈은 여성을 살해하려 한다"라고 묘사하는 구절에서 이 단어가 사용된 것이다.

위베르틴 오클레르, 20세기초 '페미니사이드'에 의미를 부여

푸아티에 대학교의 두 연구원은 "관객들이 이 단어를 이해했다는 것은 이미 이 단어가 사용되고 있을 가능성을 시사한다"라고 말했다. 그리고 이 단어는 20세기 초반 여성 참정권 운동의 선구자였던 위베르틴 오클레르의 글에서 다시 등장한다. 오클레르는 한때 여성혐오적 모욕으로 쓰였던 '페미니스트'라는 단어를 되찾아 왔고, 덜 알려진 단어 '페미니사이드'(Feminicide, 사회적 통제나 정치적 폭력의 형태로 여성을 살해하는 행위—역주)에 오늘날의 의미를 부여한 인물이기도 하다.(1)

1902년 11월 기사에서 오클레르 기자는 이혼권을 옹호하며, "이 여성 살해적 법이 폐지되고 남성과 여성이 결혼에서 동등하고 자유로운 협력자가 된다면, 어느 한 쪽의 의사에 따른 이혼이 더 이상 여성에게 두려움이 되지 않을 것"이라고 일간지 〈르 라디칼(Le Radical)〉에서 주장했다.

'페미니사이드'라는 단어는 이후 사라졌다가, 70년 후 페미니즘 운동의 맥락에서 다시 등장했다. 1976년 3월, 벨기에 브뤼셀에서 열린 여성 대상 범죄 국제 법정에서였다.

유럽, 북미, 라틴 아메리카 등 40여 개국에서 약 2,000명의 여성 운동가들이 참석한 이 법정은 '제2의 물결' 페미니즘 운동을 상징하는 중요한 사건으로, 초창기의 참정권 운동과 달리 성과 가정 폭력에 중점을 두었다.

브뤼셀 여성대학의 전시회 큐레이터 밀렌 르 고프는 "이 법정은 사법기관이 아니라 의견을 밝히는 곳으로, 1966년 철학자 베르트랑 러셀과 장 폴 사르트르가 베트남에서의 전쟁범죄를 고발할 목적으로 주최한 모의 법정인 〈러셀법정〉과 같은 맥락에 있다"라고 설명했다.

브뤼셀 법정에서는 성적 수단을 통한 범죄, 여성과 이주민으로서 겪는 이중 억압 등 이후 수십 년간 페미니즘 의제를 형성하게 될 다양한 문제들이 다뤄졌다. 시몬 드 보부아르는 이 법정을 "여성의 급진적 탈식민화의 시작"이라고 칭송하며, 격려 편지에서 이렇게 서술했다. "서로에게 말하고, 세상에 말하라. 인류 절반이 숨기려는 수치스러운 진실을 밝히라."

'여성 살해'의 광범위한 의미를 제시한 다이애나 러셀

이러한 이야기들이 모여 폭력의 연속성(2)을 보여주는 증거가 되었으며, 이는 1980년대 영국의 사회학자 리즈 켈리에 의해 이론화된다. 여성 살해는 이 과정에서 극도에 다다른 극점이라 할 수 있다.(3) 즉, "여성 살해는 강간, 고문, 성적 노예, 강제적 이성애, 강제 불임, 강제 임신(피임과 낙태를 범죄화), 정신외과 수술, 특정 문화에서 여성에 대한 영양 불균형 등을 포함하는, 여성 혐오적 공포의 연속성의 극단에 위치해 있다"는 것이다.

브뤼셀 법정의 마지막 날, 남아프리카의 여성주의 활동가이자 작가인 〈페미니사이드〉의 저자인 다이애나 러셀(1938~2020)은 부부간 살인 관련 주제 발표를 하며 "여성들이 살해당할 때 그들이 여성이라는 사실은 결코 우연이 아니다"라고 말했다.

이 선구적인 연설에 대한 기록은 거의 남아 있지 않지만, 1992년에 출판된 '여성 살해 명명하기'(4)라는 주제별 선집 형식의 앤솔로지는 〈여성 살해〉에 대한 최초의 이론화를 제공했다.

범죄학자 질 래드포드와 공동 편집한 저서에서 러셀은 제인 카푸티와 함께 쓴 '여성에 대한 성차별적 테러리즘'이라는 장(章)에서 여성 살해(femicide)에 대한 광범위한 의미를 제시했다.

또한 이 선집은 여성 살해를 단순한 개인적 범죄가 아닌, 여성혐오와 성차별의 구조적 문제로 인식하는 데 크게 기여했다.

여성 살해 용어는 초기 개념화부터 부부 관계에 국한되지 않았다.(5) 여성 살해는 오히려 다양한 사회적 이유로 인해 여성들이 조기에 사망에 이르는 모든 형태의 폭력을 포함한다. 이 개념은 중앙아메리카에서 특히 큰 공감을 얻었다. 1990년대 초 멕시코의 국경 도시 시우다드 후아레스는 여성들을 상대로 한 대규모 범죄의 현장이었다. 희생자들은 대부분 미국 시장을 위한 하청공장의 저임금 여성 노동자들로, 1993~2003년에 발생한 여성의 연쇄 살인 사건만 1,000건이 넘었고 사건은 미제(未濟)로 남았다.

장기 밀매업자들, 카르텔, 사탄 숭배자들이 범인일 것이라는 온갖 소문만 도시전역에 나돌았다. 세르히오 곤살레스 로드리게스 기자는 "많은 여성들이 마지막으로 버스를 기다리던 모습이 목격된 직후 사라졌으며, 그 주변에서 차량이 돌아다니는 것이 목격되었다"라고 전했다.

'우리 딸들을 집으로'(Nuestras hijas de regreso a casa)와 같은 단체들은 1993년부터 이러한 희생자들을 기록하기 시작했다. 후아레스 대학교 사회학자 줄리아 에

스텔라 모나레즈 프라고소는 "당시 멕시코에서는 여성 살해에 대해 그 누구도 이야기하지 않았다"라고 회고했다.

연구를 시작하면서 그녀는 자신의 서가에 있던 제인 카푸티의 『성범죄의 시대』(1987)를 참고했다. 프라고소는 1998년부터 대학 내 팀을 구성해 이 문제에 대한 기록을 확장했다. 2023년 8월 그녀는 "1993년 이후 2,526건이 데이터베이스에 등록됐다"라고 밝혔다.

분석을 통해 그녀는 유형화를 제시했다. 가정 및 부부 관계 맥락에서는 '친밀한 여성 살해'라고 부르며, 이는 '체계적 성적 여성 살해'와 구분된다. "많은 희생자들이 17세 이하에, 피부가 짙었고 빈민가에 거주했다. 시신에는 고문과 성적 절단의 흔적이 남아 있었다."

남성과의 권력 갈등 속에 벌어지는 젠더 범죄

이러한 살해 행위는 단순히 생명을 빼앗는 것을 넘어, 모욕과 모독을 목적으로 하고 있다. 그녀는 한 논문에서(6) "살해된 것은 여성의 생물학적 신체뿐만 아니라, 그녀의 신체가 문화적으로 짓밟힌 모습이기도 하다"라고 설명했다.

프라고소는 또한 '낙인이 찍힌 직업군'에서 발생하는 여성 살해를 심각하게 거론하며, 여기에는 웨이트리스, 성 노동자, 마사지업 종사자에 대한 살해 사건이 포함됐다. 그녀는 "이들이 여성의 전통적 역할 관점에서 볼 때 '여성성'의 기준에서 벗어나 있으며, '나쁜' 여성들로 간주되어 극히 위험한 공간에 머문다"라고 썼다.

코스타리카에서는 같은 시기, 멕시코의 프라고소와는 별개로 몬세라트 사고트와 아나 카르세도라는 두 대학 교수가 데이터베이스 구축에 착수했다. 이들은 1992년의 여성 살해 앤솔로지를 읽은 후 이 아이디어를 얻었다.

사고트는 2012년 인터뷰에서 "이전에 코스타리카에서는 이런 작업이 전혀 이루어지지 않았기에, 창의적으로 방법론을 세웠다"라고 회고했다.(7) 즉, 사고트와 카르세도는 1990년대의 이러한 살인 사건을 연구하며, 하위 범주의 시나리오를 구상하여, 친밀한 경우와 비친밀한 경우, 그리고 '연관성에 의한' 경우를 각각 구분했다.

예를 들면, '연관성에 의한' 경우는 피해자가 다른 사람을 지키려다 '총알이 날아온 선상'에 있었기 때문에 살해된 경우다. 딸, 자매, 친구, 이웃을 보호하려다 희생된 사례가 그러한 경우다. 코스타리카 학자들은 앵글로색슨권과 마찬가지로 '페미사이드(femicide)'라는 용어를 자주 사용하고 있는 데 반해, 스페인어권에서는 '페미니시디오(feminicidio)'라는 단어가 더 흔히 쓰이며, 프랑스에서는 공적으로 '페미니시드(féminicide)'라는 용어가 자리잡았다.

이 번역어는 멕시코 학자이자 정치인인 마르셀라 라가르데 이 데 로스 리오스가 1990년대부터 대중화하기 시작했다. 그녀는 멕시코의 시우다드후아레스 지역을 연구하다가 러셀과 래드포드의 앤솔로지를 접했는데, "이 책은 나에게 큰 도움이 되었고, 여성이 남성으로부터 겪는 권력관계 속에서 벌어지는 젠더 범죄를 이해하게 해줬다"라고 설명했다. 그녀는 여성살해에 관한 원래의 정의를 확대해 이를 '면책'의 개념과 연결했으며, (여성 살해에 대한) 국가의 무책임한 태도를 이 범주에서 비판했다.

유엔이 공식 인정한 두 개념, '페미사이드'와 '페미니시드'

'페미사이드'와 '페미니시드'가 라틴아메리카의 경험과 이론화에 힘입어 젠더 범죄의 체계성을 띠게 되자, 유엔(UN)은 두 용어 중 어느 하나로 결론을 내리지 않고, 자주 두 단어를 함께 사용한다.

유엔은 2012년 빈 심포지엄에서 이 개념을 공식적으로 인정했으며, 이 자리에는 다이애나 러셀도 초청되었다.(8) 이와 관련하여 여성 살해를 유형별로 세분화했는데 '친밀한' 여성 살해와 '비친밀한' 여성 살해를 구분하고 '명예'라는 이름으로 저질러진 살인도 유형의 하나로 제시했다.

이는 여성이 도덕적 법률이나 전통을 어겼다고 비난받을 때, 예컨대 간통, 혼외 성관계, 혼외 임신, 심지어 강간 피해를 입은 경우에도 발생하며, 특히 인도에서 종

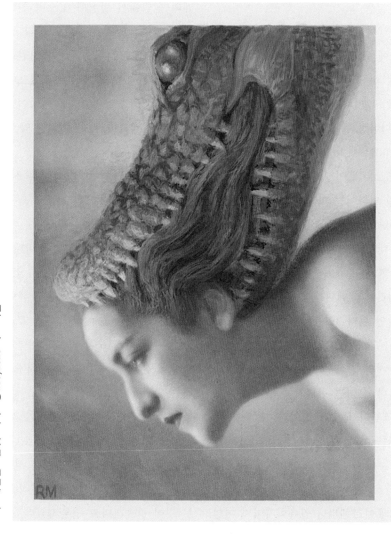

<이브에 관한 모든 것> 시리즈 중 #39, 2023 - 루스 마튼

종 발생하는 지참금 문제와 관련된 살인도 이해 해당된다. 세계보건기구(WHO)가 인용한 연구에 따르면, 전 세계에서 살해당한 여성 중 35% 이상이 배우자에게 살해된 반면, 남성의 경우는 겨우 5%에 불과하다.

　프랑스에서는 2010년대에 들어 여성 살해라는 용어가 본격적으로 사용되기 시작하며 북미에서 장기적으로 영향을 받은 흔적을 남겼다. 가정폭력 미디어화 전문가인 정보통신학자 주세피나 사피오는 "초기의 여성 살해 용어 사용 사례들은 주로 해외, 특히 라틴아메리카와 아시아에서 발생한 사건들을 식별하기 위한 것"이었다고 설명한다.

　당시 언론에서 주목한 사건 중 하나는 2011년 7월 아르헨티나에서 프랑스인 유학생 두 명이 살해된 사건이다. 카산드르 부비에와 후리아 무므니는 하이킹 중 납치, 강간, 살해되었다. 카산드르의 아버지 장미셸 부비에는 언론을 통해 여성 살해의 법적 인정을 위한 캠페인을 펼쳤다.

프랑스 사전에도 등재된 "여성 살해"

　그는 <르몽드>에 기고한 글에서 "내 조국의 형법에 여성 살해 범죄를 명시하는 것이 이제 내 노년의 소망이다"라고 썼다.(9) 또 다른 중요한 사례로는 2014년 여성단체 Osez le féminisme! (OLF)가 주도한 "여성 살해를 형법에 인정하자"라는 캠페인이 있었다. 이 캠페인은 큰 반향을 일으키지는 못했지만 프랑스에서 관련 논의의 선례를 남겼다.

이듬해인 2015년, "여성 살해"라는 단어가 프랑스어 사전인 『르 로베르』에 등재되었고, 이후 프랑스 언론의 기사 제목에서 점점 더 눈에 띄게 되었다. 정보통신학자 주세피나 사피오는 페미니스트 단체 Nous Toutes와 함께 이 단어의 미디어상 등장 과정을 추적했다. 사피오는 "2017년에는 100여 개의 기사가 이를 언급했으나, 2022년에는 무려 3,200개 이상의 기사가 이를 다뤘다"라고 설명했다. 소셜 미디어는 이러한 논의를 증폭하는 역할을 했다. 2010년대에 성차별적 폭력 및 성폭력 반대 운동을 정치적 무대로 끌어올린 것은 여러 개의 해시태그였다. 가장 유명한 #MeToo는 미국에서 시작되었지만, 2015년 라틴아메리카의 페미니즘 운동도 #Ni Una Menos("한 명도 더는 안 된다")라는 슬로건과 함께 유럽으로 확산되었다. 이 구호는 2011년 시우다드 후아레스에서 살해된 멕시코 시인 겸 활동가 수사나 차베스의 시 구절에서 따온 것이다. 그녀는 신념과는 무관하게 우연히 청소년들에게 공격받아 목숨을 잃었다. 또 다른 예로, 칠레에서는 여성 집단이자 페미니스트 아티스트 그룹인 라스 테시스(Las Tesis)가 2019년 페미니즘 논제를 전파하기 위해 길 위의 강간범이라는 퍼포먼스를 공연했으며, 이들은 브라질계 아르헨티나 인류학자이자 여성학자인 리타 로라 세가토의 저서(여성의 폭력 남성의 권력)에서 영감을 받았다.(10)

라스 테시스(Las Tesis) 멤버들은 눈을 검은 천으로 가리고 발을 구르며 "El violador eres tú"(강간범은 너다)를 외친다. 이 퍼포먼스는 세계적으로 퍼졌고, 프랑스에서는 2019년 11월 트로카데로 광장에서 파리 벽보 집단과 Nous Toutes 단체 회원들이 "강간범은 너다, 살인범은 너다"라는 문구로 재현했다.

이처럼 프랑스에서 여성 살해 반대 운동이 확산되는 가운데, 2016년부터는 "동반자 혹은 전 연인에 의한 여성 살해"라는 페이스북 페이지에서 자발적 활동가들이 새로운 희생자가 발생할 때마다 두세 달 간격으로 소식을 전하며 피해 사례를 기록하기 시작했다. 그러나 이 단어가 공적 논의 속에 자리 잡긴 했지만, 여전히 공적 통계와 형법에서 벗어나 있으며 친밀한 관계와 부부 관계에만 제한적으로 적용되고 있다. 프랑스 정부는 2006년부터 매년 발표되는 피해자 위원회 보고서를 통해 부부 간 폭력 사망 사례를 다루고 있으며, 이 보고서에 따르면 현재까지 최소 2,346명의 여성이 부부 관계에서 살해된 것으로 집계되며, 이는 연평균 약 146명에 달한다.

프랑스 의원들, 범죄항목 신설 보다 가중처벌 시스템 선호

이러한 범죄에서 성별의 비대칭성은 뚜렷하여, 피해자의 85%는 여성이고 가해자의 85%는 남성이다. 마를렌 시아파의 주도로 정부는 부부 폭력에 대한 그르넬 회의(사회적 대화를 통해 해결책을 모색하는 과정)를 조직하고, 부부 살해 건수를 줄이기 위한 여러 약속을 내놓았다. 프랑스 경찰서와 헌병대에는 치명적 폭력 가능성을 평가하는 위험 평가표가 배포되었고, 이론상 첫 고소 접수 시 총기 소지자의 총기 압수 조치가 의무화되었다.(11)

당시 여당 소속이었던 피오나 라자르 의원은 '여성 살해'에 대한 별도의 범죄 항목 신설을 검토하기 위한 보고서를 주도했으나, 대신 제도적으로 이 용어를 강화하는 것이 필요하다고 결론지었다. 이는 의회가 해당 문제를 논의한 두 번째 사례로, 첫 번째는 2016년 사회당 소속 카트린 쿠텔 의원 주도로 조용히 진행되었으며, 그녀는 여성 권리 위원회의 위원장이었다. 정당에 상관없이 결론은 동일했으며, 프랑스 의원들은 '여성 살해'를 형법에 직접 명시하기보다는 가중처벌 시스템을 선호했다.

1994년 형법 개정 이후 배우자가 자신의 파트너를 살해할 경우 무기징역형이 적용되고, 2006년부터는 전 배우자에게도 해당된다. 2017년 1월 27일에는 성별, 성적 지향, 혹은 실제 또는 추정되는 성 정체성을 이유로 피해자에게 가해지는 범죄와 관련하여 '성별'에 대한 가중처벌이 신설되어, 이는 비친밀한 여성 살해의 사례도 포함할 수 있다.

최근 몇 년간 사법 정책은 처벌뿐만 아니라 치명적 폭력을 포함한 폭력 예방에 중점을 두고 있다. 입법 의원은 위험 신고 전화와 접근 금지 팔찌, 그리고 2010년에 도입된 보호 명령과 같은 장치를 통해 피해자가 파트너와 분리될 수 있는 안전한 절차를 지원하고자 한다. 보호 명령은 가해자가 재판이나 처벌을 받기 전에도 피해자를 보호할 수 있도록 하며, 발부 자체로 자동으로 형사 소송이 시작되지는 않는다.

그러나 2010년에서 2021년 사이 보호 명령의 발부 건수가 10배 증가했음에도 불구하고, 프랑스의 보호 명령 활용은 다른 나라에 비해 매우 낮다(프랑스 약 6,000건, 스페인 40,000건, 영국 25,000건).(12) 문제는 이러한 보호 명령 발부 권한이 프랑스의 가족 법원에 맡겨져 있다는 점이다. 이 모델은 전통적 가족주의에 뿌리를 두고 있어, 폭력적인 아버지의 부모 권한을 긴급히 제한하고 공동 양육 모델을 흔들게 될 것을 우려하는 판사들이 많다. 이 주제를 연구한 사회학자 솔렌 주아노이에 따르면, 이같이 낮은 발부 신청 중에서도 약 40%가 이미 기각됐다.

'부부 내?? 폭력 사망' 외에도, 현재의 통계 및 경찰 시스템은 다른 여성 살해 사건의 구체적인 상황, 특히 '가족 외 범죄'로 분류된 경우(2022년 기준 121건, 여성 살해의 약 44%)를 상세히 분석할 수 있는 방안을 제공하지 못하고 있다.(13) 이러한 부족함을 보완하기 위해 인터 오르가 데 페미니시드(Inter Orga des féminicides)는 2023년 1월부터 종합적인 집계를 진행하고 있다.

이는 언론 감시뿐 아니라 성 노동자 권리를 옹호하는 파라플루이 루즈, 트랜스젠더 인권 단체 Acceptess-T, 장애 권리 단체 Les Dévalideuses와 같은 현장 조직의 정보를 바탕으로 한다. 여기에는 '강제 자살' 사례도 포함되며, 이는 여성 살해 시도로 인해 발생한 것으로서, 법적으로는 종종 '폭행 및 상해'로 분류된다.

2023년 134건이 집계되었으나, 이는 실제 사례보다 낮은 추정치다. 새로운 집계에 참여했던 기호학자 주세피나 사피오는 "이들 이야기 대부분이 여전히 불분명하게 남아 있다"라고 탄식했다. **ID**

글·로렌 다이카르 Laurène Daycard
저널리스트. 『우리의 부재자들: 여성 살해의 기원』(2024, 파리) 저자

번역·김민주
번역위원

(1) Margot Ciacinti, 「Nous sommes le cri de celles qui n'en ont plus : historiciser et penser le féminicide 우리는 더 이상 목소리를 낼 수 없는 이들의 외침이다: 여성 살해를 역사화하고 고찰하다」, <Nouvelles questions féministes, Lausanne>, vol. 39, n° 1, 2020, Marie Mathieu, Vanina Mozziconacci, Lucile Ruault, Armelle Weil 편집.

(2) Liz Kelly, 「Le continuum de la violence sexuelle 성적 폭력의 연속성」, <Les cahiers du genre>, n° 66, 2019, Marion Tillous 번역.

(3) Christelle Taraud, 『Féminicides. Une histoire mondiale 여성 살해: 세계사』, La Découverte, Paris, 2022.

(4) 이 프랑스어 번역은 원래 Open University Press에서 『Femicide: The politics of woman killing 여성 살해: 여성 살해 정치』라는 제목으로 출판되었다.

(5) Myriam Hernández Orellana, 「Le lissage de la formule fémicide par le discours institutionnel. Le cas de la loi sur fémicide au Chili 제도적 담론에 의한 여성 살해 공식의 평탄화: 칠레 여성 살해법 사례」, 『On tue une femme. Le Féminicide. Histoire et actualités 여성을 죽인다: 여성 살해, 역사와 현재』, Hermann, Paris, 2019, Lydie Bodiou, Frédéric Chauvaud, Ludovic Gaussot, Marie-José Grihom 및 Laurie Laufer 편집.

(6) 「Feminicidio sexual sistémico : impunidad histórica constante en Ciudad Juárez, víctimas y perpetradores 체계적 성적 여성 살해: 시우다드 후아레스의 지속적인 역사적 면책, 피해자와 가해자」, <Estado & comunes>, revista de políticas y problemas públicos, LIEU, vol. 1, n° 8, 2019.

(7) Julie Devineau, 「Autour du concept de fémicide/féminicide : entretiens avec Marcela Lagarde et Montserrat Sagot 여성 살해 개념에 관하여: Marcela Lagarde와 Montserrat Sagot과의 인터뷰」, <Problèmes d'Amérique latine>, LIEU, n° 84, 2012.

(8) Diana Russell, 「Vienna Declaration on Femicide 여성 살해에 관한 빈 선언」, 개인 블로그, dianarussell.com.

(9) Jean-Michel Bouvier, 「Reconnaître le crime de féminicide. L'assassin de ma fille l'impose 여성 살해 범죄 인정: 내 딸의 살해범이 이를 요구한다」, <Le Monde>, 2011년 10월 5일.

(10) Rita Laura Segato, 『La guerre aux femmes 여성에 대한 전쟁』, Payot, Paris, 2022.

(11) 「En France, un tiers des victimes de féminicides conjugaux ont été tuées par arme à feu 프랑스에서 가정 내 여성 살해 피해자의 3분의 1은 총기 사망」, <La Chronique d'Amnesty International>, 2023년 12월 1일.

(12) Solenne Jouanneau, 『Les femmes et les enfants d'abord? Enquête sur l'ordonnance de protection 여성과 아이들이 우선? 보호 명령에 대한 조사』, CNRS Éditions, Paris, 2024.

(13) 「Insécurité et délinquance en 2022. Bilan statistique 2022년 치안 및 범죄 통계」, 프랑스 내무부, 2023년 9월 28일.

<코루흐 마을에서 경기 전 워밍업을 하는 축구 선수>, 고지 바다흐샨, 타지키스탄, 2011 - 에릭 브롱카르 _ 관련기사 64면

MONDIAL

지구촌

타지키스탄이 매달리는 '아리안주의'의 신화

고귀하고 우월한 민족에 뿌리를 두었다는 생각을 토대로 국가적 우수성을 내세우는 통치 방식은 1945년 나치 패망 이후 사라진 줄로만 알았다. 그런데 오늘날 이 아리아인의 신화를 재조명하려는 나라가 있다. 바로 타지키스탄이다. 중앙아시아 지역에 있는 이 나라는 아리아인의 뿌리를 바탕으로 국가정체성을 세우려 한다. 유럽에서 태동한 아리아인의 신화가 그로부터 수천 킬로미터 떨어진 이곳에서 다시 부상하는 것이다.

쥐디트 로베르 ▮언론인

타지키스탄 수도 두샨베 중앙 광장에는 우뚝 솟은 동상이 하나 있다. 사만 왕조(819~999년)의 에미르(제왕) '이스마일 사마니'의 동상이다. 마치 미래를 내다보는 시선으로 웅장하게 세워진 동상 곁에는 사자 두 마리가 나란히 서 있고, 비가 오나 눈이 오나 이 자리를 지키는 사진사들은 사자 발밑에서 포즈를 취하도록 관광객을 유도한다. 몇 차례 자세 수정이 이뤄지고 나면 사진사들은 동상을 에워싼 아치와 그 위의 화려한 왕관을 프레임 안에 넣는 데 성공한다. 타지키스탄은 구소련 붕괴 이후 극심한 경제난과 이념적 공백 상태에서 벌어진 친공산 보수세력과 이에 반대하는 남부의 개혁연합세력(The United Tajik Opposition, UTO)간의 끔찍한 내전(1992~1996)을 거치면서 인구 600만 명 중 10만~15만 명이 죽고 100만 명의 이주민이 발생한 나라다. 정부는 이 분열된 나라를 다시 하나로 뭉쳐주는 상징적 인물로 타지키스탄의 국부(國父) 이스마일 사마니를 택했다.

이스마일 사마니는 9세기 초에서 10세기 후반까지 180년 동안 이란, 중앙아시아와 아프가니스탄 일대를 다스렸던 수니파 이슬람 사만 왕조의 군주다. 이스마일 사마니의 얼굴은 그의 이름에서 딴 100소모니 지폐에도 등장한다.

페르시아어를 사용하며 자국의 정체성 내세워

중앙아시아 지역의 5개 구소련 독립국 중 제일 가난하면서 유일하게 페르시아어를 사용하는 타지키스탄은

<호루그(Khorugh)행 버스를 기다리는 한 여성>, 알리추르 마을, 무르갑 지역, 타지키스탄, 2010 - 에릭 브롱카르

(특히 이웃국인 우즈베키스탄과 선을 그으며) 이란 문화권에서 자국의 정체성을 찾았다. 사회 지도층을 중심으로 독립을 얻은 것도, 민중 운동을 통해 독립을 얻은 것도 아닌 이 나라는 이전부터 워낙 지역이나 민족 별로(타지크인 65%, 우즈베크인 25%, 러시아인 2% 등) 격차가 심했던 터라 독립 후 국가로서의 하나 된 정체성을 구축할 필요가 있었는데, 그 답을 이란의 민족적 뿌리에서 찾은 것이다.

그에 따른 일환으로 인구 100만 명의 수도 두샨베는 30년 전부터 주요 도로 이름을 페르시아어권 유명 작가 이름으로 교체하고 있다. 그중에는 소비에트 시절부터 타지키스탄 고유의 특징을 정립하는데 이바지했으며, 특히 사전학자로서 현대 타지크 페르시아어의 기반을 닦은 사드리딘 아이니(1878~1954)가 대표적이다. 그 밖에도 독립 후 민족 작가의 반열에 오른 경우가 꽤 있는데, 고전 페르시아 문학의 선구자로 꼽히는 중세 시인 루다키(859~941)도 그중 하나다. 루다키는 그의 이름을 딴 공원 중앙에 동상도 설치되었으며, 모자이크 아치와 분수대로 꾸며진 동상 주위에선 민요와 시 암송문이 흘러나온다.

라흐몬 대통령, 타지크인을 '아리아인의 후예'로 소개

1992년부터 32년째 장기 집권 중인 에모말리 라흐몬 대통령(2016년 개헌을 통해 종신집권가능)은 먼 옛날을 인용하는 경우가 많은데, 서구인들을 대거 소환하는 그의 공식 연설에서 가장 많이 등장하는 레퍼토리는 타지크인을 아리아인의 후예로 소개하는 것이다. '아리아인'이란 말은 애초 인종적인 것이 아니라 종교적, 문화적, 언어적인 개념의 '순수' 민족을 연상시키는 중립적인 단어였으나 나치는 이를 유럽 백인종의 우월함을 내세우는 근거, 즉 사악한 목적의 인종 이데올로기로 변질시켜 유대인 등 타민족을 지배하고 탄압하는 도구로 악용했다.

타지키스탄의 아리아인 이데올로기는 19세기 중엽 유럽에서 번성한 인종 이데올로기의 한 변형으로, 당시 유럽에서는 인도유럽어의 기원과 뿌리에 대한 연구가 이뤄지면서(엉뚱하게도) 이 같은 인종 이데올로기가 기승을 부렸다. "인도-유럽어는 곧 과거의 '인도 및 유럽' 사람들이 쓰던 조상언어라는 인식이 자리잡았고, 이어 '인도 및 유럽' 사람들이 '정복의 민족'으로 격상되어 '우월한 민족'이 되었다"는 것이다.(1)

19세기 프랑스의 외교관이자 고고학자였던 아르튀르 드 고비노(1816~1882)도 그의 저서『인종불평등론』에서 아리아 인종의 우월성을 주장했다. 즉, 산스크리트어로 '고귀하다'는 뜻의 '아리아'에서 파생한 형용사 '아리아인'을 백인 '인종'을 가리킨 것이다.

타지키스탄 정부는 자국의 아리아인에 대한 열정이 서구권의 인종 이데올로기로 오인되지 않도록 분명히 선을 긋고 있다. 타지크인들의 아리아인 혈통이 분명한 만큼, 나치의 인종 이데올로기 때문에 타지크인이 원시 아리아인의 한 갈래라는 사실이 부인되어선 안 된다는 것이다. 이를 토대로 타지키스탄 정부는 2005년 '만卍'자를 국가의 상징으로 삼으려 했으나, 해당 글자가 나치의 십자가 모양 '하켄크로이츠'와 비슷해 보인다는 이유로 유럽과 미 대사관 측이 우려를 표했다. 타지키스탄의 2차 세계대전 참전 용사 전우회에서도 반기를 들고 나서자, 정부는 결국 이를 철회했다. 하지만 국내외의 이 같은

(1) Jean Sellier, 『Une histoire des langues et des peuples qui les parlent 언어의 역사, 그리고 이를 말하는 민족의 역사』, La Découverte, Paris, 2019.

(2) Marlène Laruelle, 『Aryan mythology and ethnicism : Tajikistan's nationhood』, 'Central Peripheries : Nationhood in Central Asia', UCL Press, London, 2021.

(3) Emomali Rahmonov, 『Les Tadjiks dans le miroir de l'histoire. Des Aryens aux Samanides』, Big Media Group, Bruxelles, 2014. 별도의 언급이 없는 한 대통령의 인용 자료는 모두 이 책에서 가져온 것이다.

(4) Matthias Battis, 「The Aryan myth and Tajikistan : From a myth of empire to one national identity」, <Ab Imperio>, n° 4, Miami, 2016.

(5) Rakhim Masov, 「Falsifier et s'approprier l'histoire d'autrui 타인의 역사에 대한 탈취와 왜곡」(러시아어), 2006년 3월 9일, www.centrasia.ru, Marlène Laruelle 인용, 『Aryan mythology and ethnicism : Tajikistan's nationhood』, op. cit.

(6) Jean-Marie Chauvier, 「Eurasie, le "choc des civilisations" version russe 유라시아주의, 러시아판 '문명의 충격'」, <르몽드 디플로마티크> 프랑스어판 2014년 5월호, 한국어판 2014년 6월호.

압박에 불만을 표하면서 지금도 여전히 아리안주의에 '고귀한 조상언어'의 옷을 입히려 하고 있다.(2)

겉으로 국가 정체성이 드러나는 모든 곳에는 아리안주의의 흔적이 나타난다. 도시만 한 번 둘러보더라도 (를 둘러보면) 호텔이나 은행, 재단 등에서 '오리요(타지크어로 '아리안'을 의미)', '아리아나(그리스어로 아리아인의 영토를 의미)' 등과 같은 이름을 쉽게 찾을 수 있다. 몇 년 전부터는 에모말리 라흐몬 대통령 본인도 타지크인이 아리아인의 직계 후손이라는 점을 내세우고 다녔다. 심지어 그는 "타지크란 단어가 '고귀한 혈통'을 의미하는 '아리안'과 동의어"라는 주장까지 펼쳤다.(3) ('타지크'와 '아리안'을 동일시하는 경우는 역사책과 박물관에서도 종종 확인된다.)

30년 이상 장기 집권 중인 라흐몬 대통령은 재임 중 집필한 저서만도 20권에 달하는데, 그중 가장 성공을 거둔 책은 1999년에 출간한 『역사 속에 비추어 본 타지크인 : 아리아인에서 사만 왕조에 이르기까지』였다. 타지키스탄에서 이 책을 우수한 역사 학술서로 이야기하면 매우 긍정적인 반응을 얻을 수 있고, 몇몇 대학에서는 여러 언어로 번역이 이루어진 이 책의 주요 대목 일부를 통째로 외우도록 하는 시험도 치러진다.

타지키스탄의 아리안주의가 나치의 인종 이데올로기와 다르다고는 해도 19세기와 20세기의 인종주의 사상과 완전히 무관한 것은 아니며, 특히 러시아 쪽 인종주의와의 연관성이 확인된다.(4) 제정 러시아에서 아리안주의는 중앙아시아 지역을 정복하는 명분으로 사용됐다. 즉, 유럽의 광활한 문명과 아리아인의 뿌리를 하나로 통일해야 한다는 생각이 저들의 정복 논리였다. 따라서 러시아는 중앙아시아 지역의 투르크족을 예속함으로써 이 지역과 유럽 문명을 하나로 이어버린다.

우즈베키스탄 등 투르크족을 미개한 존재로 내려 봐

그리고 오늘날 타지키스탄 당국의 시각에서도 이러한 인식이 느껴진다. 유럽에 민족적 뿌리를 두고 있다는 고정관념을 바탕으로 도심의 교양 계층인 페르시아 민족은 높이 평가하고 유목민인 투르크족은 미개한 존재로 폄훼하는 것이다. 타지크인들은 아리아인의 뿌리를 내세우며 스스로를 (야만족의 침입 이전에 존재했던) '순수'하고 고귀한 토착 '인종'으로 소개한다. 두샨베 역사연구소의 전 소장이었던 라크임 마소브 또한 우즈베키스탄인에 대해 "신체적 외양에 있어서나 인종적 뿌리에 있어서나 (타지크인들과) 비슷한 부분이 전혀 없는 것 같다"고 썼다.

"아리아인들은 파란 눈의 금발에 신장도 크다. 그에 반해 투르크족은 눈도 작고 코도 낮으며 얼굴도 넓적한 편에 수염도 적은 몽골인의 외양"(5)이라는 것이다. 아리안 '카드'를 내밀면 러시아나 유럽과도 쉽게 연계될 수 있으며, 인구도 많고 국력도 위인 이웃국가 우즈베키스탄에 대한 모종의 우월감도 가질 수 있다. 그러니 마소브 전 소장이 대통령 측근의 극우 사상가 알렉산드르 두긴 주축의 '국제 유라시아 운동 본부' 일원이란 사실도 그리 놀랍지는 않다.(6) 라흐몬 대통령의 측근이기도 한 마소브 전 소장은 '아리아인'으로 묶이는 두 민족, 타지크인과 러시아인이 하나로 통합되어야 한다고 이야기한다.

국가 정체성 문제에 매달리는 타지키스탄의 정책은 구소련 체제하에서 있었던 일과도 무관하지 않다. 우선 지금의 국경을 확정한 것부터가 볼셰비키 지도부였다. 제정 러시아와 선을 긋고 1917년 혁명 중 터져 나온 국내의 요구사항에 부응하고자 혁명 세력은 민족 정책을 통해 중앙아시아 지역에 5개 민족 공화국을 만들었고 그러면서도 각국 내부에 일부 소수민족을 위한 자치 지역을 별도 마련하거나 문화적인 예외를 인정했다.

이에 따라 타지키스탄은 우선 우즈베크소비에트사회주의공화국 내의 자치 공화국 지위를 부여받았다. 그러나 1929년, 페르시아어권 타지크인들이 튀르크어권 우즈베키스탄 사람들과 분리된 별도의 공화국을 다시 구성했다. 이때까지만 해도 양측은 서로 완전히 분리된 두 개의 민족 집단이라는 인식이 그렇게 뚜렷하지 않았다. 타지크인들의 언어와 문학, 문화가 자리잡은 부하라와 사마르칸트도 우즈베키스탄 쪽에 속해 있었다. 그런데

내부의 정치적 상황이 둘을 분리하는 요인으로 작용했다. 우즈베키스탄 공산당의 페르시아어권 당원들이 투르크족과의 동맹을 내세워 모스크바를 위협했기 때문이다. 따라서 페르시아어권의 새로운 공산당 분파가 다스리는 타지키스탄 공화국을 수립하여 이에 맞설 대항 세력으로 만들 필요가 있었다.

수도 내부의 상황만 보더라도 두 개의 서로 다른 언어를 사용하는 두 민족이 함께 섞여 사는 게 확인된다. 타지크어는 주류 언어와 거리가 멀고, 따라서 비즈니스 업계는 물론 카페나 공연장, 택시 안에서도 우즈베크어가 들린다. 우즈베키스탄과 타지키스탄 양쪽에서는 예나 지금이나 2개 언어 모두를 사용하는 경우가 흔하다. 타지키스탄 인구의 최소 11%는 우즈베크 민족에 속하기 때문이다.(7) 게다가 타지크인 다수는 (특히 우즈베키스탄과 가까운 서부 지역을 중심으로) 우즈베크어에 능통

지역 균열

구소련 붕괴 직전 타지키스탄 도처에서는 민족 분열과 지역 분열이 일어났고, 국민들은 조국에 대한 소속감을 갖기가 힘들었다.(1) 게다가 부하라와 사마르칸트 두 지역은 타지크인들이 모여 살던 유서 깊은 도시였음에도 우즈베키스탄 영토에 속해 있어 타지크인들이 주권 행사를 할 수 없었고, 아프가니스탄에는 국내보다 더 많은 타지크인들이 살고 있었다. 한 나라의 국민들 사이에 유대감이 자리하기 어려웠던 이유다. 더욱이 독립 초창기에 일어난 내전 역시 국가 정체성이 형성되는데 장애가 되었고, 국민들 간의 분열은 이후 정치적 위기로 비화한다. 1991년 8월, 카하르 마흐카모프 타지키스탄 소비에트사회주의공화국 대통령이 미하일 고르바초프 소비에트 연방 공산당 서기장에 반대하는 무장폭동 세력을 지지하고 나섰기 때문이다. 새로 집권한 중앙 정부는 이후에도 몇 달간 공산당의 해체를 요구하는 각계의 반대에 부딪힌다. 1992년 5월, 극단적인 성향의 두 진영 간에 최초의 무장 대치 상황이 빚어졌는데, 한쪽은 친정부성향의 타지키스탄 인민 전선으로, 쿠잔디스(북부 주류 세력), 쿨라비스(남부), 히사리스(두샨베 인근) 등이 모인 연합체다. 반대

쪽은 (1990년 창당한) 타지키스탄이슬람부흥당과 바다흐샨 주의 루비스(파미리 자치 운동) 등 4개의 반공산주의 정당이 모인 타지키스탄 야당 연합이다. 러시아와 이란의 중재로 1997년 6월, 내전은 종료됐다. 80%를 넘는 득표율로 집권한 후 계속해서 정부를 수성하는 라흐몬 대통령은 '조국의 통일과 평화를 일군 창시자'로서 자신의 직위에 정당성은 부여하지만, 야당에는 그 어떤 자리도 내어주지 않는다. 정부의 강경화 노선이 수년간 이어진 끝에 타지키스탄이슬람 부흥당은 결국 2015년 완전히 해체된다. ⑤

글·엘렌 리샤르 Hélène Richard
<르몽드 디플로마티크> 기자

번역·배영란
번역위원

(1) Michaël Levystone, 『Asie centrale. Le réveil 중앙아시아의 각성』, Armand Colin, Paris, 2024.

(7) Fernand de Varennes, 「End of mission statement of the United Nations special rapporteur on minority issues」, 유엔인권고등판무관, 2023년 10월 19일.

(8) Slavomír Horák, 「In search of the history of Tajikistan. What are Tajik and Uzbek historians arguing about?」, <Russian Politics and Law>, vol.48, n°5, NewYork, 2010년 9월-10월호.

(9) Sulton Hasan Barotzoda, 「La langue tadjike et l'identité nationale 타지크어와 국가정체성」(러시아어), Scientific Collection InterConf, n° 71, 2021년 8월 19-20일.

하다. 이에 우즈베키스탄 초대 대통령 이슬람 카리모프(집권 1991~2016)도 (비록 논란이 많은 말이긴 하지만) "타지크족과 우즈베크족은 두 개의 언어를 쓰는 하나의 민족이다"라고 했을 정도다.

이후 양측이 각각 독립을 하면서 (소비에트 통치 60년간 잠재된) 내부 분열이 차츰 심화되고 양국의 사학자들도 각기 서로가 과거를 왜곡한다며 비난한다.(8) 타지크 정부는 아리아인 혈통과 조로아스터교라는 민족적 특징을 내세우지만, 타지키스탄에서는 조로아스터가 사실상 소멸된 종교이기 때문에 우즈베키스탄은 이러한 타지키스탄 쪽 주장을 반박한다. 반면 우즈베키스탄 정부는 2003년 9월, 유네스코 지원으로 '아베스타의 해'를 제정하기로 했는데, '아베스타'란 조로아스터교의 경전 일체를 일컫는 말이다. 우즈베키스탄 정부의 이 같은 움직임은 타지크인들의 심기에 거슬렸고, 역으로 2006년 타지키스탄에서 '아리아 문명의 해'를 조직한 것 역시 우즈베키스탄 사람들의 신경을 건드렸다.

구소련 시절부터 줄곧 언어는 타지크인의 민족 국가 건설에 있어 그 핵심에 놓여있었다. 대통령 본인도 자신의 저서를 통해 이란어와 다른 타지크어만의 특성을 내세웠다. 더욱이 그는 "아리아인의 생생한 언어를 말하는 마지막 민족"으로서 타지키스탄 사람들을 소개하는 국내 학자들의 연구를 근거로 삼는다.(9) 그런데 타지크어의 순수성과 고대어의 뿌리를 내세우기에는 무리가 좀 있다. 다른 이란어 계통에서 사라진 고대의 원형이 남아있다고는 해도 타지크어는 우즈베크어의 영향을 꽤 많이 받았기 때문이다. 게다가 러시아어에서 차용한 표현도 많고 1940년부터는 아예 키릴문자를 채택하는 등

러시아어의 영향도 남아있다.

이런 상황을 의식한 타지키스탄에서는 최근 몇 년간 언어 개혁을 하려는 시도가 이어졌다.

이란은 타지키스탄 집권당 대신 제1야당을 지지

가령 2020년 이후 태어난 타지크인 아이들은 (러시아어가 아닌) 순수 타지크어 계열 접미사를 이름에 붙이도록 법적으로 의무화되었다. 2007년부터는 대통령 본인도 자신의 성에 (러시아어 성향이 강한) '-ov' 접미사 부분을 빼버리고 '라흐모노프'에서 '라흐몬'으로 이름을 바꾸었다. 또한 이란어와 가깝거나 혹은 이란어에서 차용한 단어들이 공문서나 음식점 메뉴, 신문 등 법적으로 그 쓰임이 의무화된 곳곳에서 등장한다. 고대의 '순수' 타지크어 특징을 나타내기 위해서다. 이렇듯 정부의 '공식' 언어에서는 규제 수준이 점점 높아지고 있지만, 사람들은 여전히 일상에서 이전부터 써오던 방언을 사용한다. 따라서 정부 표준어와 국민들의 일상어 사이에 점점 격차가 커지면서 공문서의 의미를 파악하는데 어려움을 토로하는 사람들이 많다. 타지크어와 우즈베크어, 러시아어 등 타지키스탄 내에서 가장 많이 사용되는 3개 언어의 사용자들조차도 갈피를 못 잡는 경우가 점점 늘고 있다.

타지키스탄이 집착하는 아리아인의 민족적 혈통은 그 역사적 서사(인도, 페르시아 중심지였던 이란 및 유럽 전역에 정착한 인도—유럽 또는 인도—게르만 민족을 아리아인이라 부름)가 있는 만큼 이란 쪽에서도 물론 중시하는 부분이다. 따라서 라흐몬 대통령은 타지키스탄이 자칫 이란의 정치적 문화

<운동장에서 노는 학생들>, 니수르 마을, 루샨 지역, 타지키스탄, 2013 - 에릭 브롱카르

적 영향에 흡수되진 않을까 불안해한다. 이에 대해 유라시아 전문가 스테판 뒤두아뇽은 양국이 "그때그때 상황에 따라 기이한" 관계를 유지한다고 지적한다. 이는 양국이 문화적으로는 서로 유사하면서도 정치적으로는 상반된 입장에 놓여 있기 때문이다. 이란은 사실 시아파 이슬람 국가임에도 타지키스탄의 제1야당 이슬람부흥당을 지지하고 있다. 이 정당은 타지키스탄 국민들 대다수와 마찬가지로 수니파 계열의 조직이다. 또한 이란은 수만 명의 사상자가 발생한 1990년대 타지키스탄 내전에서도 라흐몬 대통령 진영과 대치한 전력이 있다.

그러므로 타지키스탄 정부·입장으로선 이슬람 국가로 나서는 게 조심스러울 수밖에 없다. 라흐몬 대통령이 비록 메카 성지까지 다녀올 만큼 신실한 무슬림이지만, 타지키스탄에서는 수염을 기르거나 히잡(이슬람 머릿수건)을 착용하는 게 경찰의 단속 대상이다. 2015년, 이슬람부흥당이 테러 조직으로 분류된 뒤로는 극단적 이슬람주의에 대한 척결이 곧 정부의 강압적인 단속의 명분이 되었다. 사실 IS 테러 행동 조직원 가운데 타지크인 망명자가 종종 끼어있긴 하나, 이들은 대개 해외에서 채용된 경우다. 국내에서 이슬람 극단주의로 체포된 경우는 대개 그리 극단적이지 않은 일반 신도들일 때가 많다. 지난 2년간 타지키

스탄 내에서는 기록적인 수의 검거 열풍이 불었지만, 대부분은 정부 방침에 대해 비판적인 목소리를 내거나 반대 시위에서 과격 진압으로 검거된 사람들이 대부분이었다.

극단적 이슬람주의를 단속하는 한편, 정부는 아리안 축제 같기도 하고 조로아스터교 축제 같기도 한 고대 행사를 다시 부흥하려 노력한다. 10월로 정해진 축제일, 두샨베의 피르다우시 공원에서는 각종 과일과 음식이 성대하게 차려졌다. 피라미드처럼 쌓인 음식 앞에서 전통 악단과 무용수들이 공연을 선보였고, 관객들은 드문드문 그 앞에 자리했다. 미트라 신을 기리는 감사제 '메흐레간'을 타지크어 식으로 바꾼 '메흐르곤' 가을제를 개최한 것인데, 같은 식으로 1월에는 '사다'제를 연다. 불의 발명을 기리는 제의(祭儀) '사데흐'를 타지크어 식으로 바꾼 명절이다. 축제에 온 사람들은 대체로 즐기는 분위기였으나, 사람이 많지는 않았다.

역사 논란에 무관심한 타지키스탄 사람들

약간 가소롭다는 듯 쳐다보고 지나가는 사람도 있었다. 모르는 사람에게 대놓고 행사를 욕하진 않았지만, 뒤에서 따로 조용히 물어보니 "몇몇은 진심으로 이 축제를 반기겠지만, 제대로 된 무슬림들은 아마 아닐 것"이라고 털어놓았다.

타지키스탄 사람들은 이러한 문화 행사나 역사 논란에 대해 대체로

<주민들이 노루즈 의식을 연습하는 모습>, 사브놉 마을, 루샨 지역, 타지키스탄, 2012 - 에릭 브룅카른

무관심한 편이다. 조로아스터교가 이슬람이나 현지의 관습에 그 흔적을 남기긴 했어도 그 창시자인 차라투스트라를 섬기고 과거의 이 같은 명절까지 기리는 건 무슬림 신도에게 있어 인위적인 종교 의식 이자 나아가 이단에까지 이를 수 있는 행동이다. 라흐몬 대통령도 더는 조로아스터교의 창시자를 "무수한 시간과 수많은 혈전으로도 그 흔적이 지워지지 않은 최초의 타지크인 선지자"로 내세우지 않는다. 차라투스트라는 그 종교적 색채가 차츰 지워지고 지금은 윤리 사상을 대표하는 한 인물이 되었다. 이슬람 이전 시대의 종교를 다시 되살릴 수 없게 되자 정부는 그럼에도 국내 이슬람에 '타지크'의 색을 더하고, 시아파든 수니파든 외부 영향에 덜 노출된 종교로 만들고자 애를 쓴다.

아프가니스탄에 다시 탈레반 정권이 들어섰을 때 역내 국가 중 가장 강경하게 반발한 타지키스탄은 (2016년 개혁주의 성향의 샤브카트 미르지요예프가 집권한 후로 이미 완화되는 양상을 보였던) 우즈베키스탄과의 문화적 분쟁을 뒤로 하고 테헤란과 가까워지려는 모습을 보인다. 아프가니스탄에는 (타지크인 탈레반 조직 '자마트 안사룰라'를 포함해) 이십여 개의 다른 테러 집단이 존재하고, 따라서 이에 대한 타지키스탄 당국의 우려가 크다. 생활 기반이 취약하고 미래에 대한 전망이 없는 해외 주재 타지크인들은 아프가니스탄을 기반으로 활동하는 IS 코라산 분파의 테러 공격에 가담하는 경향이 높다. 90명의 사망자가 발생한 1월 3일 이란 케르만 주에서의 테러 공격에는 다수의 망명 타지크인이 연루되었으며, 2024년 3월 22일 145명의 사망자가 발생한 모스크바 남부 교외 지역 크로커스 시청 테러 때도 상황은 비슷했다.(10)

테헤란과의 관계가 호전되는 상황에서, 페르시아 문

(10) Khursan Khurramov, 「Menaces du sud sur le Tadjikistan. Réalité ou jeux politiques ? 타지키스탄에 대한 남측의 위협 : 현실인가 정치 공작인가?」 (러시아어), <Radio Ozodi>, 2023년 11월 13일, https://rus.azathabar.com

(11) Antoine Buisson & Nafisa Khusenova, 「La production identitaire dans le Tadjikistan post-conflit : état des lieux 분쟁 후 타지키스탄 정체성 구축의 현황」 ,<Cahiers d'Asie centrale>, n° 19-20, Paris, 2011.

화권에 대한 소속감을 표명하는 것은 두샨베 입장에서 딱히 문제가 될 게 없다. 그런데 아리안 '신화 팔이'는 상황이 좀 다르다. 국토의 45%를 차지하면서도 전체 인구의 3%밖에 살지 않는 고르노바다흐샨 자치주 (타지키스탄 남동부 파미르 고원 가운데 위치하며 중국, 남쪽은 아프가니스탄과 접경하고 있는 자치주) 문제를 다룰 때 상당한 모순에 부딪히기 때문이다. 주로 아프가니스탄과의 국경에 접한 고산 계곡에 살아가는 이 산악지대 주민들은 사실 그 지위가 꽤 모호하다. 이들은 그 문화적 특성상 완전한 타지크인으로 받아들여지지도 않고, 특히 신앙적인 측면에서 (이스마엘 시아파를 따르기에) 일반적인 타지크 민족과는 거리가 멀다. 하지만 이 지역에서 터를 잡고 살아온 역사적 배경 때문에 타지키스탄의 국가적 정체성 구축 과정에서는 배제할 수 없는 존재다.(11) 이들끼리 하는 말도 서로 상반될 때가 많은데, 혹자는 스스로를 '파미리스족'이라는 별도의 민족 집단으로 인식하는 반면 또 다른 혹자는 '산악지대 타지크인'으로 인식하기 때문이다.

소비에트 시절부터 이미 이 지역과 수도 두샨베 쪽 사이에는 서로 악감정이 존재했다. 양측의 반목은 특히 고르노바다흐샨 사람들이 타지크소비에트사회주의공화국의 다른 지역에 비해 더 우수한 교육 혜택을 받으면서 심해졌다.

'아리안 직계 혈통'인 파미르 고원 사람들은 잠재적 위협 요소

사실 모스크바는 소비에트공화국의 최남단에서 가장 접근성이 떨어지는 지역 중 하나를 소련 공산주의의 대표적인 성공 사례로 보여주고자 했다. 그런데 내전이 발발하면서 양측이 서로 등을 돌리게 된 것이다. 따라서 이때의 대치 국면은 가족 간의 싸움이면서 동시에 민족 간의 대립이라는 특징을 띤다. 고르노바다흐샨 지역이 라흐몬 진영의 반대파 쪽에서 상당한 역할을 맡았기 때문이다. 1997년의 평화 협정에도, 파미르 고원 사람들은 이슬람부흥당과 마찬가지로 여전히 정부에게는 잠재적 위험이다.

역설적이게도 파미르 고원 지역의 이 소수민족은 나머지 타지크인들보다 더 아리아인의 직계 혈통에 더 가깝다. 하지만 이들은 그러한 부분을 타지키스탄의 주류 집단과 구분되기 위한 논거로 내세운다. 물론 그렇다고 민족적 우월성을 과시하는 건 아니나, 파미르 고원에서는 종종 지역 주민들의 피부색이나 눈 색깔에 집착하는 경우가 눈에 띈다. 기원전 4세기 알렉산더 대왕의 병사들이 이 지역을 지나다 고립된 지형 덕분에 무사히 살아남았고, 지금의 파미르 고원 사람들은 그 병사들의 후손이라는 설도 있다. 이들은 타지크인 못지않게 자신들이 "아리아인보다 더 아리아인"이라고 주장한다. 대통령으로선 안타까운 상황이다. 아리아인의 신화가 여기저기서 별의별 용도로 다 동원되기 때문이다. 라흐몬 대통령이 자기 마음대로 아리아인의 신화를 가져다 쓰고는 있으나, 그렇다고 그 혼자만 갖다 쓰라는 법은 없지 않은가. **Ld**

글·쥐디트 로베르 Judith Robert
언론인

번역·배영란
번역위원

파미르 고원의 기나긴 고통

쥐디트 로베르 ▮언론인

"모두가 떠나고 있어요. 이대로 가다 가는 곧 파미르에 아무도 남지 않게 될 겁니다."

고르노바다흐샨 자치주 남쪽에 위치한 주도 호루그에서 타지키스탄과 아프가니스탄국경을 가르는 피얀즈 강변을 따라 택시를 몰며 초르찬베가 말했다.(1) 그는 턱짓으로 맞은편 강둑에 있는 목동들을 가리키며 자신이 그들보다는 나은 상황이라 여겼다. 예전보다는 확신이 약해졌지만 말이다.

다른 타지키스탄 지역처럼 이 가난하고 외진 지역에서는 오래전부터 일자리를 찾아 외지로 떠나는 일이 흔했다. 그러나 지난 2년 동안 이주는 대규모로 증가했다. 디아스포라 연구단체들이 수집한 자료에 따르면, 2022년부터 2023년 11월까지 약 5만 명이 이 지역을 떠났다. 이는 인구의 20~25%에 해당하는 수치다.

2021년 11월 말, 한 청년이 경찰의 체포 과정에서 사망한 사건에 대해 주민들이 조사를 요구하면서 위기가 시작됐다. 주민들의 시위는 폭력적으로 진압됐고, 몇 달 동안 인터넷이 차단됐다. 2022년 5월 시위가 재개되자 타지키스탄 정부는 군대를 파견했고, 진압은 이전보다 더 많은 사상자를 냈다. 정기적으로 시위가 일어나던 지역에 결정적인 쐐기를 박는 조치였다.

파미르 고원 주민들은 타지크족과 가까운 민족 집단에 속하지만 이스마일파(시아

파미르 고원, 타지키스탄

파의 한 분파)라는 종교, 그리고 다른 언어와 관습으로 타지크족과 구분된다. 이 지역은 자치권이 있어 중앙 정부에 대항할 수 있는 비교적 독립적인 위치를 누렸다. 파미르 주민들이 지방 대표를 직접 선출할 수는 없었지만, 시위를 통해 정부로부터 여러 차례 양

(1) 가명 처리한 이름이다.

보를 얻어내는 데 성공했다.

하지만 최근 몇 년 사이 정부의 영향력이 커졌고, 시위 진압도 늘어났다. 다른 한편, 정부는 인접한 중국의 압력에 무기력한 모습이다. 디아스포라 대표들은 "2022년 이후 정부의 무관심이 커져, 조만간 자치권이 폐지되고 국가의 천문학적인 부채를 보상하기 위해 고르노바다흐샨 일부 영토가 중국에 양도될 수도 있다"라고 예상한다.

이 분석이 설득력을 갖는 이유는 타지키스탄은 이미 2011년에 1,000km²를 중국에 양도했으며, 중국이 28,000km²를 추가로 요구하고 있기 때문이다. 게다가 최근에 중국은 러시아와 함께 안보 동맹을 자처하며 자국의 특수부대를 동원해 시위대 '정리'에 참여한 바 있다.(2)

이번에는 단순히 사망자 수를 세는 것만으로는 충분치 않다. 유엔 소수민족 특별보고관에 따르면 "아마도 40명 이상"이 사망했으며, 활동가, 반대파, 언론인, 변호사, 사업가, 운동선수, 비공식적인 지역 사회 지도자, 종교 및 문화 인사들이 체포됐다.(3) 시위는 비극적인 사건으로 촉발됐지만, 사회 정의와 더 나은 정치적 대표성을 요구하는 목소리는 이미 존재했다.

국가 독립 이후 타지키스탄 정부는 이스마일파의 영적 지도자인 아가 칸의 활동에 아무런 제지도 가하지 않았다. 아가 칸은 막대한 부를 가진 카림 알 후 사이니 왕자로, 제네바에 본사를 둔 아가 칸 재단은 전 세계 30여 개국에서 매년 총 10억 달러를 투자해 인도적 개발 프로젝트를 수행한다.

하지만 오늘날 그의 도움은 외세 개입으로 간주되어 당국의 저항을 받고 있으며, 재단의 재산은 하나씩 국유화되고 있다. 타지키스탄 정부의 목표는 소수민족들을 지배문화에 강제적으로 동화시키는 것이다. 파미르 고원에는 10개 이상의 동이란어 계통 언어가 있으며, 그중 일부는 소멸 위기에 처해 있다.

이스마일파 종교 활동은 공식적으로 지정된 장소에서만 하도록 엄격히 제한되어 있지만 이러한 장소는 단 두 곳밖에 없으며, 지역의 주요 종교 지도자는 현재 수감 중이다. 최근 타지키스탄을 방문한 유엔 소수민족 특별보고관은 파미르 사람들이 감옥에 과도하게 수감되어 있는 반면, 의회에서는 찾아볼 수 없다는 점을 지적했다.(4) **ld**

(2) David Gaüzere, 「Haut-Badakhchan : larevendication autonomiste au cœur de la nouvelle donne du grand jeugéopolitique régional 고르노바다흐샨: 지정학적 그레이트 게임의 핵심에 자리한 분리독립 요구」, Centre français de recherche sur le renseignement 프랑스 정보 연구 센터(Cf2R), <Bulletin de documentation> n°30, 2022년 6월, https://cf2r.org.

(3) 2023년 12월 6일 기자회견 참조.

(4) Fernand de Varennes, 「End of Mission Statement of the United Nations Special Rapporteur on minority issues」, Douchanbé, 2023년 10월 19일.

글·쥐디트 로베르 Judith Robert
언론인

번역·정나영
번역위원

사랑할 때는 '과라니어(語)'로

파라과이에서 '패자의 언어'는 생존할 수 있을까

과라니어는 조상 대대로 사람과 사람을 이어주는 그곳에서의 물과 바람과 같은 것이었다. 과라니족은 그 언어로 사랑을 나누고 나라를 지켰다. 그러나 침입자들의 언어가 그 물과 바람과 같은 과라니어를 밀어냈다. 다행히 스페인어와 함께 공용어가 되었으나 점차 희미해져가고 있다. 패자의 언어, 과라니어는 돌아올 수 있을까.

로이크 라미레즈 ▮특파원

"스페인어는 구애할 때, 과라니어는 사랑할 때 쓴다."

이 고백은 남미 파라과이인들과 과라니어(語) 사이의 거의 본능적인 관계, 즉 깊고 감성적인 관계의 친밀도를 잘 보여준다. 아메리카 원주민 과라니족에서 유래한 이 언어는 스페인어와 포르투갈어와 함께 남미공동시장(Mercosur)에서도 공식 언어로 인정받고 있다. 과라니어는 아르헨티나, 브라질, 볼리비아에서도 사용된다. 특히 750만 명의 인구를 가진 파라과이는 1992년 헌법을 통해 과라니어와 스페인어를 공식 언어로 지정함으로써 남미에서 유일한 이중 언어 국가가 되었다.

이는 국가가 스페인어와 과라니어를 전국적으로 보호하고 보급할 의무를 지며, 공식 문서에서도 체계적으로 두 언어를 사용해야 한다는 것을 의미한다.

파라과이 인구의 무려 87% 이상이 과라니어를 사용한다.(1) 우루과이의 언론인으로 소설가이기도 한 에두아르도 갈레아노는 "여기서는 '패자의 언어'가 (…) 승자의 언어가 되었다"라고 말했다. 이 작가에 따르면 "이

내밀한 언어"는 이웃들이 꿈을 꾸고, 사랑하고, 유머를 나누고, 미워하는 순간에, 즉 "진실의 순간"에 사용하는 언어라고 한다.(2)

과라니 민족은 여러 분파, 즉 아체 과라니, 음비아 과라니, 카이우아 과라니, 아바 과라니, 과라니 난데바, 파이 타비테라 등이 여러 지역에 걸쳐 분포하며, 각 분파는 고유한 문화와 전통을 누려온 만큼 언어도 여섯 가지 다른 형태의 과라니어로 사용되고 있다.

"과라니어는 항상 파라과이 정체성의 핵심 요소였습니다"라고 교육과학부 교육 개발국의 낸시 오일다 국장은 힘주어 말했다. "때로는 권력에 의해 거부되고, 때로는 받아들여진 상징이기도 했죠."

1811년부터 스페인 왕실로부터 독립을 쟁취한 남미 최초 국가 중 하나인 파라과이는 자급자족을 바탕으로 한 발전을 시작했다. 카라이 과수(과라니어로 '위대한 군주')라 불리는 호세 가스파르 로드리게스 데 프란시아의 지도 아래 국가 주도의 경제 정책이 수립되었다.

이 정책은 국가 산업의 성장을 촉진하고 무료 교육 같은 진보적 사회 제도를 도입하

(1) 파라과이 외교부 웹사이트의 과라니어 관련 페이지, "신뢰의 언어"- https://www.mre.gov.py

(2) 「갈레아노, 자신의 작품들이 과라니어로 읽히기를 원한다」, <Ultima Hora>, 아순시온, 2009년 3월 30일

위대한 마팔다의 철학적이고 시적인 모험은 2017년에 과라니어로 번역되기 시작했으며, 그의 글을 그림으로 그린 와 아르헨티나 출신 퀴노(Quino)가 세상을 떠나기 3년 전의 일이었다.

1. "좋아… 숙제하러 가야겠어…"
3. "뭐 기다리고 있어? 당장 해야 하는 거 아니야?"
4. 의지는 "세상에서 유일하게, 꺼졌을 때 찔러야 하는 것이다."

며, 지역에서 전례 없는 일을 실현했다. 파라과이는 영국 왕실에 의해 위험한 모델로 여겨지면서 곧 국제적인 위협과 압력의 대상이 되었다.

저항의 언어 과라니어,
후손들의 입과 귀로 전해지며 계승돼

1864년 영국은 브라질, 아르헨티나, 우루과이로 구성된 연합을 지원해 이 작은 내륙국을 무너뜨리려 했고, 이는 1864년부터 1870년까지 이어진 삼국동맹전쟁으로 파라과이의 독자적인 발전 실험을 좌절시켰다.(3)

"이 전쟁 동안 정부는 과라니어 문서의 규칙을 정립하기 위해 위원회를 설립했습니다. 통신, 특히 군대와의 소통이 이 언어로 이루어졌기 때문입니다"라고 오일다 국장은 설명했다.

이러한 상황에서 원주민 언어는 침략해 오는 외국 군대에 맞서 국민을 동원하는 도구가 되었다. 그러나 전쟁은 철저한 패배로 끝나면서 파라과이는 인구의 60%를 잃었고, 열 명 중 아홉 명의 남성이 목숨을 잃었다. 승자들은 모든 저항의 흔적을 지우는 과정에서 1870년 3월 7일 과라니어를 금지하는 법령을 발표했다.

그러나 반항적인 언어는 사라지지 않았다. 가정 내에서 과라니어는 입에서 귀로 전해지며 여러 세대를 거쳐 계승됐다. "교육 시스템의 취약성 때문에 스페인어가 지배적으

(3) 르노 랑베르, 「그리고 파라과이는 자유무역을 발견했다」, <비판적 역사 매뉴얼>, 2014년

로 자리 잡지 못했습니다. 모든 파라과이인이 학교나 대학에 갈 수 있는 여건을 갖춘 것은 아니었으니까요"라고 미겔 베론 씨는 설명했다. 그는 2010년에 설립된 과라니어 아카데미의 30명 회원 중 한 명으로, 작고 날카로운 눈과 먹물 같은 검은 머리를 가진 그는 오늘날 아순시온 외곽 산 로렌소에 있는 작은 공간에서 열정적인 동료들을 맞이하고 있다.

엘리트 권력층의 언어가 된 스페인어, 파라과이에서 세력 넓혀가

이곳에서는 2022년에 설립된 '과라니어 친구 네트워크'의 첫해를 축하했었다. 베론 씨는 "이 조직은 2007년부터 2011년까지 활동했던 '과라니어 언어의 표준화를 위한 플랫폼'이라는 협회의 후신으로 언어법이 제정될 때까지 활동했으며, 공화국의 공식 언어 사용 방식을 규정했습니다"라고 회고했다. 언어법은 좌파 페르난도 루고 대통령(2008~2012)의 임기 중인 2010년 12월 원주민 언어 사용을 장려하고 보장하기 위해 제정되었다.(4)

"몇 년이 지났어도 국가가 이 문제를 완전히 방치하고 있었습니다. 다시금 밑에서부터의 운동이 필요해졌습니다." 베론 씨는 미래를 걱정했다. "파라과이의 이중 언어 정책은 신화에 가깝습니다. 스페인어가 점차 세력을 넓혀가고 있으며, 이는 엘리트와 권력의 언어입니다."

회의가 끝나고 참석자들은 닭고기와 쌀 요리에 파라과이의 유명한 소파 파라과야(옥수수와 치즈로 만든 촉촉한 빵)를 곁들여 함께 식사했다. 젊은 블라스 안토니오 두아르테는 조용한 성격이 돋보였다. "제 스페인어는 별로 좋지 않아요. 18살 때 배웠거든요"라

(4) 파라과이 정부 웹사이트의 언어정책 사무국(SPL) 페이지- https://www.paraguay.gov.py/oee/spl

(5) 파라과이 국립통계청, "2월 21일, 국제 모국어의 날" - https://www.ine.gov.py

며 그가 변명했다. 그는 자신의 휴대전화로 2021년부터 운영 중인 페이스북 페이지를 보여주며, "이름은 '체라아'로 친구라는 뜻이에요"라고 설명했다. 이 페이지에는 짧은 동영상을 통해 과라니어 어휘를 배울 수 있다. "우리의 유산의 일부죠." 안토니오 두아르테 씨는 남부 카아사파 지역의 작은 마을 유티에서 태어나고 자랐다. "학교에서는 모든 교재가 스페인어로 되어있었지만, 우리 모두 과라니어를 썼어요. 선생님들과 교장 선생님까지도요. 스페인어는 TV에서만 들을 수 있었죠."

"우리 마을에서는 스페인어를 비웃었는데, 아순시온에서는 정반대입니다"

그에게는 수도로 온 것이 큰 충격이었다. 아순시온에서는 스페인어가 지배적이며, 과라니어는 거의 사용되지 않았다. 그는 아순시온 국립대학(UNA)에서 저널리즘을 공부하기 위해 등록했지만, 적응하는 데 어려움을 겪었다. "우리 마을에서는 스페인어를 쓰는 사람들을 모두가 비웃었는데, 여기 아순시온에서는 정반대입니다."

교과서를 통해 자리 잡지 못한 스페인어는 결국 인터넷 덕분에 파라과이의 가장 외딴 지역까지 퍼졌다. 그는 이 변화가 매우 빠르게 이루어졌다고 말했다.

"제가 10살 때 집에 처음으로 텔레비전이 들어왔어요. 이제 모든 아이들은 스페인어로 된 영상을 봅니다."

국가통계청 자료에 따르면 2022년 기준 가족 구성원 간 의사소통에서 과라니어만 사용하는 가정은 이제 33.4%에 불과했다.(5)

아순시온. 파라과이 강 동쪽 기슭에 위

치한 수도에는 약 50만 명이 거주하고 있다. 강은 파라과이를 북에서 남으로 관통하며 흐른다. 여름 더위 속에서 사람들은 각자 전통적인 마테 차로 만든 음료인 테레레(tereré)가 담긴 보온병을 들고 다닌다. 그러나 과라니어는 공공장소에서 완전히 사라진 듯하다. 보행자들 간의 대화나, 풍경을 가로지르는 상점 간판이나 광고판에서 스페인어가 두드러지게 사용되며, 과라니어는 공사 현장이나 주택 뒷마당에서 청소하거나 문과 창문을 수리하는 이들 사이에서나 들린다.

"텔레비전이 나온 후에 스페인어가 도처에 침투하기 시작했습니다"라고 페를라 알바레스 씨는 말했다. 과라니어 교사이자 농촌 및 원주민 여성 노동자 단체인 전국 여성단체연대(CoNAMURI)의 활동가인 그녀는 "독재 시절에 과라니어가 공식적으로 금지되지는 않았지만, 사회적으로 소외되는 형태의 불이익을 겪었습니다"라고 설명했다.

과라니어를 사용하는 것은 가난하고 시대에 뒤떨어진 농촌 주민의 신분을 의미했다. 수도에서도 어느 정도 이중 언어가 유지되었지만, "이는 주로 농촌에서 일하러 온 가사 노동자들이 아이들과 일터에 가며 그들에게 과라니어를 가르쳤기 때문입니다"라고 그녀는 귀띔했다.

스페인어와의 갈등 속에 생존을 위협받는 과라니어

이제 학교에서는 원주민 언어인 과라니어를 보존하기 위해 노력하고 있다. 과라니어는 고등학교 졸업까지 필수 과정에 포함되어 있으며, 초등학생은 매주 5시간씩, 중학교 초반에는 4시간씩, 마지막 학년에는 주당 2시간씩 과라니어를 배우도록 하고 있다.

오일다 씨는 교육 정책에서 여러 부족함을 인정한다. 첫 번째는 교사 부족, 그리고 교재의 부족이다. "우리와 같은 가난한 나라에서는 두 언어로 교재를 생산하는 것이 예산에 큰 차이를 만듭니다. 현재 과라니어 교육을 위한 교재가 충분하지 않습니다."

수도로부터 7시간을 달려 도착한 도시는 희미한 오렌지색 후광에 둘러싸여 있다. 북쪽의 도시 콘셉시온은 붉은 흙으로 이루어진 땅에서 솟아나는 먼지구름에 싸여 있다. 오래된 식민지 건축 양식과 낡은 외관의 건물들은 이 도시가 한때 영광을 누리다 방치된 매력을 풍긴다.

한낮의 더위로 거리는 오후 늦게까지 텅 빈 상태이다. 저녁 무렵이 되면 주민들은 집 앞 도로에 의자를 내놓고 이웃과 대화를 나눈다. 아순시온에서 들리는 것과는 다른 언어로 대화를 한다. "이건 호파라(jopará)예요"라고 젊은 호스텔 주인인 산디노 발리엔테 씨는 설명했다. "우리 조상들이 쓰던 순수한 과라니어가 아니라 혼합된 언어입니다."

때때로 파라과이 과라니어라고 불리기도 하는데, 여러 언어학자에 따르면 이는 잘못된 명칭이다. 호파라는 스페인어와 과라니어를 혼합한 언어로, 스페인어가 더 많은 비중을 차지한다. 발리엔테 씨도 친구들과 함께 있을 때 이 언어를 사용하며, 그들 모두 30세 이하이다.

호텔 안뜰에서 시원한 맥주를 마시며 젊은이들은 스페인어 대화 속에 과라니어 단어와 표현을 넣어가며 대

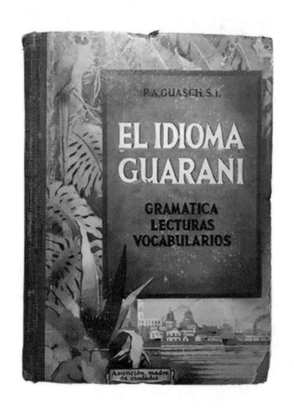

<과라니어: 문법, 읽기, 어휘>, 1938 - 안토니오 과슈

화를 이어간다. 그들 중 한 명은 브라질 출신으로, 모국어로 이야기하면 다른 이들이 스페인어나 브라질 포르투갈어로 대답한다. "여기 젊은이들은 모두 포르투갈어를 해요. 국경이 바로 옆에 있어서 교류가 활발하거든요"라고 발리엔테 씨는 말했다. 이러한 점은 큰 이웃나라 브라질과 인접한 이 지역의 특징 중 하나지만, 과라니어가 시골 지역에서만 여전히 유지되는 원주민 언어라는 사실을 위협하는 요소 중 하나이기도 하다.

콘셉시온 주변과 그 인근 지역에서는 외국인이 방문했을 때를 제외하고 대화에서 스페인어가 전혀 들리지 않는다.

콘셉시온에서 과라니어를 가르치는 라몬 히메네즈 씨는 "여기 사람들은 모두 과라니어를 씁니다. 사실 이건 자존심 문제이기도 해요"라고 말했다. 날씬한 체구에 날렵한 동작을 가진 그는 의자에서 일어나며 이곳 주민들의 모습을 흉내 내어 설명을 보탠다. "과라니어로 말하는 사람

이 공무원에게 말을 걸 때는 고개를 숙이지만, 스페인어를 사용하는 사람은 이렇게 당당하게 들어가요! 이것은 식민지 시대에 형성된 지배-피지배 관계에서 비롯된 사고방식의 유산입니다." 히메네즈 씨는 이런 점을 못내 아쉬워했다. "국가 공무원들은 어디서나 스페인어로 소통하지만, 사실 과라니어로 할 수도 있잖아요."

이처럼 여전히 과라니어를 사용하는 사람이 국가 내에서 다수를 차지하고 많은 파라과이인이 과라니어에 대한 애정을 나타내지만, 과라니어는 점차 힘을 잃고 있다. 금지와 박해를 견디며 세기를 넘어서 살아남은 과라니어는 이제 도시화와 인터넷이 전파하는 문화의 균질화에 의해 부활한 강력한 스페인어에 맞서야 한다.

이러한 현상에 대한 저항은 개인적 또는 집단적 차원의 소규모 활동에 불과하며, 그 목표는 국가가 언어 보호에 대한 책임을 다하도록 압박하는 것이다. "언어 갈등 상황에서는 두 가지 가능성밖에 없습니다. 사용 중인 언어들이 공존하게 되거나, 그중 하나가 사라지는 것입니다"라고 베론 씨는 경고했다. [D]

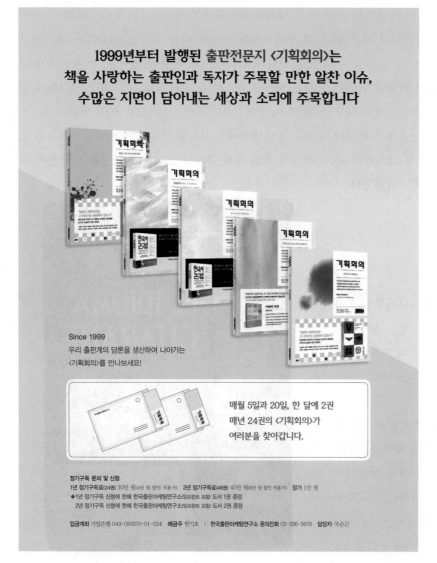

글·로이크 라미레즈 Loïc Ramirez
중남미 전문 언론인. 중남미 파라과이와 콜롬비아 등에서 현지 사회의 갈등에 초점을 맞추어 취재했으며 〈르몽드 디플로마티크〉, 〈르 쿠리에〉 등에 기고하고 있다.

번역·김희동
번역위원

마크롱의 충동적 외교 행보가 키우는 리스크

그레고리 르젭스키 ▮〈르몽드 디플로마티크〉 부편집장

올해 6월 9일, 마크롱 대통령의 프랑스 국회 해산 선언 소식을 접하면서 그가 매우 불안정하고 충동적이며, 극단적인 의사결정에 기대고 있다는 인상을 지울 수 없었다.

그의 종잡을 수 없는 외교 정책은 프랑스 적대국뿐만 아니라 동맹국으로부터도 믿을 수 없다는 의혹을 받고 있다.(1) 에마뉘엘 마크롱 프랑스 대통령은 현재 전 세계 지역을 돌아다니면서 균형을 잃은 불안정한 제안과 계획을 설파하고 다니기 때문이다. 게다가 성과는 거의 없다.

"아프리카? 별로 중요한 문제 아냐"

"요즘엔 고기잡이배가 고기는 안 잡고 코모로 사람들을 실어 나르고 있네요."

2017년 6월 1일, 이민자들이 작은 배를 타고 마요트로 향하는 문제를 언급하면서 에마뉘엘 마크롱 대통령이 농담을 던졌다. 당시 비난이 쇄도했지만 그는 6개월 후에도 같은 실수를 되풀이했다. 와가두구 대학에서 로크 마르크 크리스티앙 카보레 부르키나파소 대통령과 함께 자리한 강연회 자리에서였다.

부르키나파소 대통령이 잠시 자리를 비우는 사이, 마크롱은 그때를 놓치지 않고 청중을 향해 농담을 던졌다. "에어컨을 고치러 갔나 봅니다!" 그러나 같은 자리에서 한 여학생이 프랑스 군대에 대해 질문하자 마크롱은 이번에는 전혀 웃지 않았다. "저에게 그런 식으로 말하지 마세요." 그리고 턱을 치켜들며 대답했다. "프랑스 군대에 여러분이 해야 할 것은 딱 하나밖에 없어요. 감사하는 일입니다."

그 이후, 프랑스 군대는 부르키나파소뿐만 아니라 말리, 니제르에서도 철수하며 마크롱 대통령은 전혀 이해할 수 없는 행보를 보였다. 2020년 8월, 이브라임 부바카르 케이타 말리 대통령을 사임시킨 쿠데타를 비난한 지 1년 만에 마크롱 대통령은 차드 은자메나로 부리나케 향했다. 2021년 4월 아버지 죽음 이후 차드 공화국에서 쿠데타를 일으킨 마하마트 이드리스 데비 이트노 대통령을 지지하기 위해서였다. 대통령의 이런 행보는 외교 정책에 '이중잣대'를 적용한다는 의심을 사고 있다.

말리 대통령도 쿠데타로 쫓겨났고 2022년 1월 카보레 부르키나파소 대통령도 쿠데타로 축출되었음에도 마크롱 대통령은 사헬 지역에서 보이지 않는 적과 성과 없는 싸움을 이어왔다. 이는 결국 니제르에 불안정을 초래하여 2023년 7월 모하메드 바줌 대통령 정부가 쿠데타로 무너지는 데 일조했다.

지난 6월 20일, 에마뉘엘 마크롱 대통령은 엘리제궁에서 세네갈 대통령을 만났다. 바시루 디오마예 파예 세네갈 대통령은 자국에 주둔한 프랑스군에 대해 매우 비판적인 입장이다. 바시루 대통령은 또한 CFA 프랑

(1) Dominique de Villepin, 「La guerre n'est pas le plus court chemin vers la paix 전쟁은 평화로 가는 가장 짧은 길이 아니다」, <르몽드 디플로마티크> 프랑스어판 2024년 6월호.

(프랑스 해외 영토나 식민지였던 국가에서 사용하는 통화—역주)에 대해 문제를 제기했다.

2017년에 마크롱 대통령은 CFA 프랑에 대해 "별로 중요한 문제가 아니다"라고 판단했고 이후 2019년 (제한된) 화폐 개혁을 받아들인 바 있다. 세네갈의 수많은 지도자뿐 아니라 아프리카의 많은 경제학자들은 이 통화가 경제 발전을 저해하고 있다고 말한다. 나아가 마크롱 대통령은 2022년 프랑스의 지원금을 국민소득 0.55%로 늘리겠다는 약속을 지키지 않았다. 그리고 아프리카에 우선적으로 혜택을 주기로 했던 지원금예산 항목은 지난 4월 결정된 예산 삭감으로 인해 무려 8억 유로가 줄어들 상황에 직면했다.

동맹국들을 불안하게 하는 도발적 언행

"네, 식민 지배는 인류에 대한 범죄입니다."

2017년 초, '전진'을 의미하는 '앙 마르슈(En marche!)' 정당의 대통령 후보자였던 마크롱이 한 말이다. 알제리 사람들은 이 말을 듣고 기대를 품었다. 그러나 그들의 이 기대는 2021년, 마크롱 대통령이 식민 지배 이전에 알제리 민족이 존재했는가에 대한 의문을 제기하면서 분노로 바뀌었다.

마크롱 대통령의 이런 도발적 언행은 상황을 더 꼬이게 했다. 2019년 마크롱 대통령은 압델라지즈 부

<늑대와 함께 춤을>, 2019 - 애런 존슨

테플리카 알제리 대통령이 네 번째 연임에 성공했을 때 이를 용납하며 알제리 국민들의 분노를 더욱 부추겼다. 이는 프랑스가 알제리를 사로잡고 있는 권위주의 정권에 지지를 보내고 있다는 추가적인 증거나 다름없었다.

동시에 마크롱 대통령은 프랑스, 알제리, 모로코 사이에서 제대로 균형 잡힌 외교 정책을 펼치지 못하고 있다. 전임 대통령들은 한쪽보다 다른 쪽을 편애한다는 인상을 주

지 않기 위해 특별히 신경 썼다. 그에 비해 마크롱 대통령은 경망스러울 정도로 갈지자 행보를 보이며 뭔가를 하고 있지만 결국 양측 모두 만족시키지 못하고 있다. 다만, 알제리와 모로코는 적어도 한 가지 사실에 대해서는 동의하고 있다. 알제리와 모로코를 비롯한 아프리카 북서부 일대인 마그레브가 프랑스에 있어서 우선순위가 아니라는 사실이다.

마크롱의 가볍고 불안한 외교 행보는 중동지역 문제에서도 여지

없이 드러났다. 그의 예기치 못한 제안은 프랑스의 전통적인 동맹국들에까지 심각한 불안감을 조성하고 있다. 그는 지난해 10월 말, 예루살렘을 찾아 프랑스 국회와 협의도 하지 않는 상태에서 철학자인 베르나르-앙리 레비의 조언에 기반하여 느닷없는 제안을 했다.

"우리 모두를 위협하는 테러리스트 그룹에 대항하기 위해서 지역적이고 국제적인 연합을 구축"하자는 것이었다. 몇 시간 후, 엘리제궁 대변인은 몇 번씩이나 이 내용을 강조했다.

"다에시(Daesh)에 대응하는 국제적인 동맹에서 영감을 얻은 대책입니다. 이런 국제적 동맹을 참고하여 이와 비슷하게 하마스에 어떤 식으로 대응할 수 있을지 살펴보면 좋겠습니다."

이에 여러 아랍권 국가는 이번에야말로 프랑스가 전통적 외교 방식을 확실하게 포기했다고 확신하게 되었다. 마크롱 대통령은 여전히 팔레스타인 국가에 대한 인정을 거부하고 있다. 다른 유럽 국가들은 오랫동안 양자택일이 아닌 신중한 입장을 견지해왔던 것에 비해, 마크롱은 팔레스타인에 대한 반대 이유를 끊임없이 새롭게 만들어내고 있다.

지난 5월 말, 그는 "충동적인 감정에 휩쓸려서" 팔레스타인을 인정하는 일은 하고 싶지 않다고 설명했다. 그리고 다음 날, 마무드 아바스 팔레스타인 자치정부 수반에게 전화를 걸어 팔레스타인 당국의 개혁을 전제조건으로 제시했다.

폴리네시아에서 거만을 떤 태평양 전략

2020년 8월 4일 항구 폭발 사건이 발생하고 몇 주 후, 레바논 수도 베이루트에서 마크롱 대통령은 현지 정치 세력에게 속히 정부를 구성하라고 최후통첩을 보냈다. 그리고 "만약 10월 안에 약속을 지키지 않으면, 그에 따른 결과를 각오해야 할 것"이라고 위협했다. 한 달 후, 상황이 전혀 변하지 않자, 마크롱 대통령은 분노했다. 레바논 지도자들을 "배신자"라고 부르며, 자신들의 국가를 "외국 강대국들의 게임"에 넘겨준 자들이라고 비난했다.

그러나 정작 수백만 명의 레바논 국민이 비난한 사람은 마크롱 대통령이었다. 이들은 오늘날까지 프랑스 대통령의 간섭과 거만한 태도에 대해 국민적 거부감을 갖고 있다. 레바논에서 이런 사건이 있기 몇 달 전, 마크롱 대통령은 당시 미국 트럼프 정부의 압박을 받아 이미 이란 핵 문제를 중재할 의지를 접은 상태였다.(2)

2019년, 프랑스 국방부는 인도양과 태평양을 아우르는 지역방어 전략을 발표했다. 프랑스 해외 영토 12개 중 7개가 인도양과 남태평양 사이에 자리 잡고 있음에도, 프랑스 국방부가 내놓은 전략은 미국, 호주, 영국 등과 함께 중국에 맞서는 데 초점을 맞추고 있었다.

그러나 2021년 9월, 이 '동맹국들'은 프랑스를 배신하고 오커스(AUKUS, 호주-영국-미국) 안보 협력체를 발족했다. 이에 따라 프랑스 군함제조업체인 네이벌 그룹(Naval Group)이 호주에게 12척의 디젤 잠수함을 공급하기로 한 계약이 파기됐다.

이런 '동맹국' 간의 외교적 굴욕은 전례가 없는 일이다. 이런 일이 발생하기 몇 주 전, 마크롱 대통령은 오세아니아 순방 중 폴리네시아 수도인 파페에테에서 거드름을 피우며 말했다. "다가오는 시대에, 약하고 고립된 자들은 불행할 것입니다. 어류, 기술, 경제

(2) Anne Gearan, John Hudson, 「Trump's strong-arm foreign policy tactics create tensions with U.S. friends and foes」, <The Washington Post>, 2020년 1월 20일.

적 자원을 조달하기 위해 찾아오는 패권국가로부터 영향과 침입을 견디는 것은 참으로 힘든 일이 될 것입니다."

남아메리카에서도 중재 능력을 상실

마크롱 대통령은 라틴 아메리카에 거의 관심이 없다. 2024년이 되어서야 비로소 양국 관계를 위하여 브라질을 처음으로 공식 방문했다. 마크롱 대통령이 그때그때 하는 견해 표명은 항상 미디어를 인식하고 있고, 주로 국내 문제에 한정돼 있다. 예를 들어, 2019년 프랑스 비아리츠에서 열린 G7 회의에서 자이르 보우소나루 브라질 대통령이 환경 문제에 대해 거짓말을 한다고 비난하면서 소란을 일으켰다.

그리고 극우 세력에 맞서는 모습을 보였다. 그런데 그해, 그는 당시 도널드 트럼프 미국 대통령의 환심을 사기 위해 베네수엘라 국회의장 후안 과이도를 임시 국가원수로 인정하며 니콜라스 마두로 베네수엘라 대통령을 배제하려고 했다. 이렇게 마크롱 대통령이 미국에 동조하는 태도를 보인 결과, 정권이 아닌 국가 자체를 인정하는 프랑스 외교 정책의 기본방침이 깨졌다.

그러다 보니 남아메리카에서 마크롱은 중재 능력을 상실했다. 그리고 2022년 말, 러시아 제재 때문에 러시아 원유 대신 베네수엘라 원유를 사용해야 하는 상황이 왔다. 그러자 마크롱 대통령은 이집트에서 열린 유엔 기후 회의에서 마두로 베네수엘라 대통령을 만났을 때, 마두로 대통령을 '대통령으로서' 인정했다.

전략적 모호성과 즉흥적 대응을 혼동하는 마크롱

"어쨌든 내년에 오데사로 녀석들을 좀 보내야겠어요."(2024년 3월 15일)

〈르몽드〉는 지난 2월 21일 밤에 에마뉘엘 마크롱 대통령이 "위스키 한 잔을 든 채로" 몇몇 손님들에게 털어놓은 비밀을 보도했다. 이때로부터 5일 후, 마크롱 대통령은 기자 회견에서 우크라이나에 지상군을 파견할 계획이라고 밝혔다.

프랑스 언론은 대통령을 지지하며 오히려 더 강한 태도를 보이도록 부추겼다. 이에 흥분한 마크롱 대통령은 5월 28일 독일에서 "우크라이나군이 러시아 미사일 군사 기지를 완전히 무력화해야 한다"라고 강조했다.

이를 언급하기 전에 프랑스는 현장에서 우크라이나 군대 훈련을 돕기 위해 프랑스군 교관을 파견하고 자발적인 국가 동맹을 조직할 준비가 되었다고 자신 있게 말했다. 6월 5일, 마크롱 대통령은 노르망디 상륙작전 기념식 직전에 갑자기 시인이 됐다. "저는 우리 젊은이들이 우리 선조들과 같은 희생정신을 발휘할 준비가 되어있음을 믿어 의심치 않습니다."

우크라이나 전쟁 초반에 마크롱 대통령은 동맹국에 "러시아를 모욕할 생각 말라"고 충고했다. 여기서 마크롱 대통령은 "전략적 모호성"과 전략 없이 즉흥적으로 대응하는 것을 혼동한 것으로 보인다. **LD**

글·그레고리 르젭스키 Grégory Rzepski
<르몽드 디플로마티크> 부편집장

번역·이정민
번역위원

텔레그램 스캔들을 일으킨 프랑스

매트 타이비 ▮언론인

〈르 몽드〉는 에드워드 스노든(전 미국 국가안보국 요원)의 폭로를 인용해 한달 동안 미국 국가안보국(NSA)이 프랑스인들의 전화 데이터 7,030만 건을 감청한 사실을 보도했다.(1) 이 사건은 '대규모 감시'로 밝혀졌다.

2013년 10월 21일 월요일, 프랑스 외무부는 프랑스 주재 미국 대사를 소환했다. 이어 당시 총리였던 장마르크 에로(Jean-Marc Ayrault)는 감청의 전모가 투명하게 밝혀질 수 있도록 미국의 솔직하고 '분명한 답변'을 요구하며 감시를 즉각 중단할 것을 강력하게 요청했다. 파비우스 프랑스 외무부 장관 또한 당시 파리에 있던 존 케리 미 국무장관과의 만남에 앞서 "결단코 용납할 수 없는 감시를 즉각 중단해야 한다"라고 강조했다. 그로부터 일주일 후, 케리 장관은 미국의 감시가 "너무 지나쳤다"라고 인정했다.(2)

미국은 딕 체니 부통령 시절(2001~2009)에 글로벌 감시 체제를 대폭 확대하고 강화했는데, 이는 2001년 9·11 테러를 계기로 미국의 국가안보 필요에 따른 것이었다.

(1) 자크 폴로루와 글렌 그린월드, 「미국 NSA가 프랑스를 감시하는 방법」, 〈르몽드〉, 2013년 10월 21일.

(2) 「스파이 활동: 존 케리, "미국이 너무 지나쳤다"라고 인정」, 〈프랑스 24〉, 2013년 11월 1일.

<무제>, 1956 - 르네 마그리트

(3) 「메르켈 감시에 대한 미국의 혐의로 오바마가 갈림길에 서다」, <뉴욕타임스>, 2013년 10월 24일.

(4) 「엘리제 궁의 감시」, 위키리크스, 2015년 6월 29일.

(5) 프랑스 검찰청, 파리 공보실 발표문, 2024년 8월 26일.

부작용은 유럽 곳곳에서 터졌다. 2013년 당시 앙겔라 메르켈 독일 총리는 오바마 미 정부가 자신의 휴대전화를 도청하고 있다는 사실을 알고 나서는(3) "친구끼리 서로 감시하는 것은 있을 수 없는 일"이라고 항의했다.

텔레그램 창업자의 전격 체포, 국제 사회 큰 파문

또한 2015년에는 위키리크스(Wiki-Leaks)가 "엘리제궁 도청"이라는 제목의 보고서를 발표했다. 이를 통해 자크 시라크, 니콜라 사르코지, 프랑수아 올랑드 등 프랑스 대통령들이 미국의 도청 대상이었다는 사실이 밝혀졌는데, 위키리크스가 공개한 화면 캡처에는 "FR PRES CELL"이라는 항목이 뚜렷이 적혀 있었다. 이는 "FR(ench) PRES(ident) CELL(phone)", 즉 프랑스 대통령의 휴대전화를 뜻하는 약자로 국제 사회에 적잖은 파문을 일으켰다.

프랑스는 분노했다. 이와 관련하여 사생활 보호를 중요한 가치로 여기는 미국 진보주의자들은 유럽이 워싱턴을 부끄럽게 만들고 있다고 환호하며, 그들 중 많은 이들은 오바마 미 대통령이 다시 한번 올랑드 프랑스 대통령에게 전화로 사과를 해야 했다는 사실에 흥분했다(첫 번째 사과는 2013년 〈르몽드〉의 폭로 이후 있었다). 진보주의자들은 감시에 대한 당사국의 항의와 압박으로 미국이 이성을 찾게 될 것이라 기대했다.

그리고 에드워드 스노든의 폭로 이후, 약 10년이 흐른 지난 8월 24일, 프랑스는 텔레그램의 창업자인 파벨 두로프를 전격 체포했다. 그러나 유럽 지도자들은 10년 전 감청 폭로 당시나 지금이나 여전히 그들의 동맹국 미국의 감시 체제에 대해 겉으로만 분노하는 척할 뿐이다.

한편 2015년 '엘리제궁 도청' 사실 발표 당시 위키리크스 창립자 줄리안 어산지는 자유의 몸이었다. 그의 발표에 따르면 미국은 프랑스를 상대로 10년 넘게 경제적 스파이 활동을 벌여 왔다.(4) 자국의 은행, 자동차 제조업체, 에너지 기업들이 계약 협상에서 우위를 점할 수 있도록 감시 도구를 사용했다. 이러한 스파이 활동 대상에는 BNP 파리바, AXA, 크레디 아그리콜, 푸조, 르노, 토탈, 오랑주, 심지어 농업 단체들까지 포함되었다. 이렇게 얻은 정보는 프랑스의 경쟁국인 영국에까지 전달되었다는 것이다.

프랑스, 세계 감시 체제의 최전선에서 미국의 "푸들" 역할

10년이 지난 지금, 프랑스의 분노는 사라졌다. 그와는 반대로 프랑스는 이제 오히려 감시 대상국이 아니라 감시국이 되어 세계 감시 체제의 최전선에서 미국의 "푸들"처럼 행동하고 있다. 몇 주 전, 파리 사법재판소의 공공 검사가 두로프에 대한 기소 혐의 목록을 공개했다.(5) 그 목록에서 드러난 것은 프랑스 정부가 NSA/스노든 사건 당시 분노를 일으켰던 감시와 동일한 유형의 감시를 자행하고 있다는 점이었다. 프랑스 정부가 텔레그램에 대해 갖는 불만은 다음과 같다. "적합한 신고 없이 이용자에게 기밀성 기능을 보장하기 위한 암호화 서비스를 제공하고, 인증이나 검증 기능 외에 다른 암호화 수단을 사전 신고 없이 제공하며, 권한 있는 당국의 요청에도 불구하고 법이 허가한 감청을 수행하는데 필요한 정보나 문서를 제공하기를 거부한다."는 것이다. 불만치고는 다소 황당한 내용이 아닐 수 없다.

대외적으로는 잘 알려지지 않았지만, 지난 5년 동안 미국 정치에서는 디지털 검열을 둘러싼 격렬한 전쟁이 벌어졌다. 알카에다나 이슬람국가(IS) 같은 테러 단체들의 온라인 소통을 차단하기 위해 군대와 첩보 기관이 만든 관련 조직들이 이번에는 내부의 또 다른 '위협', 즉 반(反)포퓰리즘을 겨냥해 활용되었다. 이처럼 감시는 반테러에서 '반포퓰리즘'으로 전환되었다.

미국에서 표현의 자유가 기업, 부유층, 권력자들만의 권리로 제한되어야 한다고 명시된 곳은 없다. 그러나 두로프나 일론 머스크와 같은 억만장자들이 소유한 소셜 미디어와 같은 '사적 플랫폼'에서, 미국 시민은 언제든 검열의 위험에 노출되어 있다. 미국 당국은 이러한 플랫폼을 공공의 소통 공간으로 만들거나, 독점적인 위치에 있는 플랫폼들을 해체하기보다는 국가의 통제 아래 유지하고자 한다. 이런 통제를 통해 개인의 자유에 관한 법률을 피하면서도 자신들의 목적을 달성할 수 있기 때문이다.

예를 들어, 미국에서 만약 두 사람이 공원에서 만나 문서를 주고받는다면, FBI와 같은 연방 기관들은 그 문서를 파악하거나 파기할 권리가 없다. 그러나 그들이 같은 문서를 온라인으로 주고받는다면, 정부는 해당 플랫폼에 압력을 가해 이를 확보할 수 있다. 연방 기관들은 자신들이 메시지를 해독하거나 삭제할 권리가 있다고 주장하는데, 이는 플랫폼 이용 약관에 위반되는 조치에 해당된다. 만약 X, 텔레그램, 유튜브, 페이스북 등이 공공 서비스 플랫폼이었다면 정부의 이러한 행위는 불법이 되었을 것이다. 하지만 '사적 플랫폼' 공간에게는 해당되지 않는 이야기다.

거대 플랫폼 회사를 감시하는 프랑스의 경우

두로프가 체포된 직후, 확연히 불안해하고 있던 마크 저커버그는 미국 의회에 편지 한 통을 보냈다. 내용은 2021년에 조 바이든 미 정부가 몇 달 동안에 걸쳐 마크 저커버그의 회사를 상대로 특정 콘텐츠, 특히 코로나19 관련 유머나 풍자적인 콘텐츠에 대한 검열 압박을 반복적으로 가했다는 것이었다.(6) 또한 메타의 CEO인 저커버그는 FBI로부터 헌터 바이든, 즉 미국 대통령의 아들과 관련된 기사가 러시아에서 기원한 허위 정보에 근거한 것이라는 경고가 있었다는 것도 밝혔다. 미국 역사상 전례 없는 검열 사건에서 페이스북과 X는 해당 기사의 확산을 제한했으나, 그 기사 내용은 후에 사실로 드러났다.

'트위터 파일' 사건, 즉 X사가 트위터라는 이름을 사용하던 시절 내부 이메일 유출 사건은 이와 같은 맥락에서 다뤄져야 한다. 이 사건은 일론 머스크가 트위터를 인수하기 전, 미국 당국이 얼마나 많은 콘텐츠 삭제 요청을 했는지를 폭로했다. 공개된 이메일과 문자 메시지는 FBI와 국무부가 노란 조끼 시위, 도널드 트럼프, 그리고 브렉시트와 관련된 정보 흐름을 어떻게 통제하려 했는지를 드러냈다. 한 세대 전, 미국인들은 FBI가 경찰 폭력을 비판하는 NWA의 랩 음악을 제작한 음반사에 단순히 한 통의 편지를 보냈다는 사실에 분노했었다. 그러나 '트위터 파일'은 한 통의 편지가 아닌 수천 건에 달하는 검열 요청이 있었음을 밝혀냈다.(7)

프랑스, 브라질, 영국 등은 표현의 자유와 관련한 갈등 국면에서 억만장자들을 통제하고 증오와 허위 정보 확산을 막겠다는 강

(6) 「마크 저커버그가 인정한 세 가지 사실」, 미국 하원 사법위원회의 X(이전 트위터) 게시물, 2024년 8월 27일.

(7) 잭 왓틀리, 「FBI가 NWA에 보낸 위협적인 편지」, 힙합 히어로, 2021년 10월 27일.

한 의지를 갖고 있는 듯 보였다. 그러나 그 어떤 나라에서도 인터넷 민주화는 더 깊게 나아가지 못했다. 그들이 진정 의도하는 목적은 표현의 자유를 인정하되 사적 통제 아래 두는 것이고, 플랫폼을 소유한 억만장자들을 국가 감시와 검열의 파트너로 삼는 일이었다. 두로프의 체포는 이 프로젝트에 프랑스가 크게 기여하고 있음을 보여주었다.

미국과 프랑스, 일반인의 사적 플랫폼까지 무제한 감시

텔레그램 창립자인 파벨 두로프는 "비밀 보장을 고수"하고 "감청을 방해"했다는 이유로 체포되었는데, 이는 얼마 전까지 프랑스가 워싱턴의 감시 프로그램에 맞서 싸운 것을 환영하던 미국 진보주의자들에게 충격을 주기에 충분했다. 2014년, 미국이 동맹국을 상대로 한 스파이 행위로 비난을 받을 때, 두로프는 자신이 세운 소셜 네트워크 〈VKontakte〉 사용자의 정보를 제공하라는 러시아 당국의 요구를 거부한 후 모스크바를 떠나야 했다.

2013년 NSA에 맞섰던 프랑스가 이제 러시아 대통령 블라디미르 푸틴의 발자취를 따라가는 첫 번째 유럽 국가가 된 것이다. 표현의 자유에 대한 개념은 미국과 유럽에 차이가 있다. 미국의 첫 번째 수정헌법은 시민이 종교, 언론, 표현의 자유, 그리고 평화적인 집회의 권리를 누릴 수 있다고 규정하고, 이러한 '불가침' 권리에 대해 의회의 개입을 제한하고 있다. 반면 프랑스는 전통적으로 국가가 개인의 자유와 집단적 안전 권리 간의 균형을 찾는 데에 개입해야 한다고 본다.

극히 우려스러운 점은 표현의 자유에 대한 미국과 프랑스에서의 개념 중에서 가장 나쁜 점만을 취사선택한 제3의 개념이 주목받고 있다는 점이다. 즉, 대부분의 국가에서 표현의 자유는 곧 사적 부문이 통제하는 환경 속에서 이루어질 것이며, 시민의 자유는 그 안에서 제한될 것이라는 점이다. 10년 전 프랑스 은행이나 독일 총리의 사적 통신을 엿보던 스파이들이 이제는 일반 시민을 대상으로 엿볼 것이며, 사적 플랫폼 파트너들이 제공하는

거의 무제한에 가까운 감시 및 조작의 기회를 이용할 것이다. 최근의 사건들은 억만장자들의 사적 플랫폼을 제재하려는 시도로 해석될 것이 아니라, 이들이 오히려 국가 기구의 중심에 흡수되고 있다는 것을 의미하며, 그럼에도 이에 대해 대중이 책임을 물을 수 없게 된다는 것을 보여준다. 과연 이것이 프랑스가 추구하는 프로젝트일까? □

글·매트 타이비 Matt taibbi
미국의 언론인이자 작가. 정치, 금융, 그리고 미디어에 대한 날카롭고 비판적인 글로 잘 알려졌다. 그의 글 스타일은 날카로운 논평, 탐사 저널리즘, 그리고 풍자적인 어조를 결합한 것으로, 주로 기업의 부패, 언론의 편향성, 그리고 정부의 부정행위를 비판하는 내용을 다룬다.

번역·이윤지
번역위원

인도 국민스포츠 크리켓의 이면

영국에서 인도로 건너간 크리켓은 어떻게 국민 스포츠가 되었을까? 크리켓은 2028년 LA 올림픽에서 정식 종목으로 부활된다. 크리켓이 불러일으키는 열광은 실로 엄청나다. 인도에서 크리켓은 단순히 스포츠 차원을 뛰어넘는다. 정체성 강화를 통해 국민을 결속시키고 외교적 출구전략이 되기도 하지만 힌두교 민족주의의 정치적 도구로도 이용되고 있다.

다비드 가르시아 ▮언론인

인도에서 크리켓 경기장을 직접 찾는 사람들은 소수이고 대부분의 사람들은 전문 크리켓 TV 채널을 통해 국가 대표팀의 활약을 지켜본다. 인도 대표팀을 이끄는 주장은 비라트 콜리(Virat Kohli)로, 그는 볼리우드 영화(뭄바이의 옛지명 봄베이와 할리우드의 합성어로 인도 영화산업을 의미함―역주) 스타 못지않은 인기를 누리고 있다. 콜리의 생일인 11월 5일, 인도가 콜카타에서 남아프리카공화국팀을 물리친 날, 에덴 가든스 스타디움에서는 콜리의 팬들이 "당신을 낳아준 어머니께 경의를"이라는 현수막을 들고 열광했다. 팬들은 "생일 축하해, 콜리 왕"을 외치며 열광했고, 카메라들은 그 장면을 생중계로 송출했다. 군중 속에 묻힌 콜리의 모습은 디즈니 〈스타 스포츠 1〉과 〈스타 스포츠 2〉 채널을 통해 계속 반복해서 방송되었다.

크리켓은 16세기 영국에서 시작된 귀족 스포츠로 영국 제국 전역으로 퍼져 나갔다. 특히 인도에서는 영국인 식민 지배자들에게 잘 보이기 위해 인도인 엘리트들에 의해 받아들여져 인도 고유의 스포츠로 자리 잡게 되었다. 문명학자 아르준 아파두라이(1)는 이를 "크리켓의 토착화"라고 설명하며, 인도에서 크리켓이 단순한 스포츠를 넘어 국민 정체성을 형성하는 데 중요한 역할을 했다고 분석한다. 크리켓과 거리가 있는 나라, 특히 그 경기를 잘 모르는 사람들에게는 규칙이 난해한 게임으로

여겨지지만, 영연방(Commonwealth)에서는 여전히 인기가 많다. 2023년 월드컵에 출전한 10개 팀 중 네덜란드를 제외한 모든 팀이 대영 제국의 식민지 출신 영연방 국가들이었다.

크리켓, 2028년 LA 올림픽에 정식 종목 포함돼

그러나 이 스포츠는 각 지역에서 상반된 진화를 겪어왔다. 인도, 파키스탄, 스리랑카, 방글라데시 등에서는 대접받는 국민 스포츠로 매우 인기가 높은 반면, 그 기원지인 영국과 남아프리카, 호주, 뉴질랜드 같은 나라들에서는 오히려 인기를 잃어가고 있다. 레스터 대학교 국제 스포츠 역사 및 문화 센터의 연구원인 스티븐 웨그는 "특히 영국에서 크리켓은 위협을 받고 있다. 공공 지원이 부족한 상황에서 크리켓이 사립학교의 체육 시간에 일부 학생들만이 즐기는, 소수의 엘리트 스포츠로 점점 더 전락되고 있다"라고 지적했다.

1975년 잉글랜드 개최를 시작으로 4년마다 진행되어 온 크리켓 월드컵은 25억 명의 시청자를 보유하며, 올림픽(30억 명 이상)과 축구 월드컵(약 50억 명)에 이어 세계에서 세 번째로 많이 시청되는 국제 스포츠 대회이다. 크리켓은 2028년 로스앤젤레스 올림픽에서 128년 만에 정식 종목으로 다시 포함된다. 국제 크리켓 협회

(ICC)는 이 기회를 통해 크리켓에 대한 관심과 관람 열기를 더욱 확장한다는 목표를 갖고 있다. 그러나 미국의 경우에는 상황이 만만찮다. 왜냐면 영국의 식민지였던 미국에서는 더 빠르고 역동적인 야구가 사촌이자 선조였던 이 크리켓을 대신하였기 때문이다. 라틴 아메리카, 유럽, 또는 구소련권에서는 크리켓이 거의 알려지지 않았으나 자메이카나 트리니다드토바고 같은 일부 영국의 카리브해 식민지 출신 국가들에서는 여전히 인기가 있다. 프랑스에서는 약 200명의 선수만이 등록되어 있을 뿐이다.

원래 크리켓 경기는 최대 5일 동안 진행될 수 있었다. 그러나 텔레비전 방송사와 광고주들의 요구에 따라 경기 시간이 단축되는 추세이다. 이제 월드컵 경기는 두 가지 유형으로 진행된다. 첫째는 2023년 11월 대회처럼 하루에 끝나는 원데이 인터내셔널(One Day International) 유형으로, 실질적인 경기 시간이 7시간이다. 둘째는 인도가 우승했던 2023년 6월 대회처럼 3시간짜리 경기 유형이다. 이 짧은 경기 유형은 그동안 느리고 심지어 지루하다는 이미지의 크리켓을 더 화려하고 역동적인 스포츠로 만들려는 의도를 담고 있다.

우리가 관람한 뉴질랜드와 파키스탄 간의 경기 첫 번째 이닝은 4시간 동안 진행되었다. 파키스탄 볼러(투수)가 위켓을 쓰러뜨릴 때(박스 기사 참조) 파키스탄 관중석에서 "내 마음은 파키스탄(Dil Dil Pakistan)"이라는 응원가가 휘파람에 가려지지 않고 크게 울려 퍼졌다. 이후 파키스탄 수비수가 멋진 다이빙으로 공을 잡아내자 파키스탄 지지자들의 환호가 이어졌고, 경기장 전체에 "파 파키스탄(Pa Pakistan)"이라는 후렴이 울려 퍼졌다. 인도 및 아시아대륙의 음악과 서구의 팝 음악이 경기장의 순간순간을 장식했다.

뭄바이 오벌 마이단, 식민지 시대 세워진 크리켓 훈련장

그러나 응원 열기는 뉴질랜드가 압도적이다. 예를 들어, 파키스탄 배트맨(타자)이 강하게 쳐낸 공을 뉴질랜드 볼러가 공중에서 잡아냈을 때 관중들이 보였던 폭발적인 열광이 그렇다. 블랙 캡스(Black Caps)의 전설적인 배트맨 마크 리처드슨의 유니폼을 입은 인도 태생의 미국 관중은 박수를 치며 "정말 좋은 팀이다!"라고 뉴질랜드 팀의 활약을 칭찬했다.

뭄바이의 오벌 마이단(Oval Maidan)은 팔각형 탑을 가진 대법원을 비롯해, 영국 식민지 시대에 건설된 우아한 아르데코와 신고딕 양식의 건축물들로 둘러싸여 있다. 오후 늦은 시간과 주말이 되면, 아마추어 크리켓 선수들이 이 공원에서 연습을 한다. 공원 여기저기에는 나무 기둥 네 개로 고정된 그물망이 있어 배트맨과 볼러 지망생들이 연습할 수 있는 훈련용 울타리 역할을 한다.

한쪽에서는 청소년 배트맨이 보호용 패드를 착용한 채 머리가 희끗희끗한 볼러가 던진 공을 되받아쳤고, 몇 미터 떨어진 곳에서는 한 청년이 빈 울타리 안을 정리하고 있었다. 흰색 옷을 입은 어린이들은 조끼도 없이 여섯 명씩 모여 코치의 지도 아래 훈련했다. 오벌 마이단 한가운데에서는 어른들이 우승컵과 메달을 열광적인 젊은이들에게 수여했다. 공원 한쪽에서는 롤러가 오렌지빛 흙과 드문드문 자라난 잔디를 평탄하게 만들고 있었고, 물탱크 트럭에 연결된 호스를 통해 물을 뿌리고 있었다. 공을 열심히 차며 축구를 하던 네 명의 소년들만이 크리켓의 지배적인 존재감을 무색하게 만들고 있었다.

"크리켓은 영국인들이 우연히 발견한 인도의 스포츠"

뭄바이 남부의 마이단(maidans) 광장에서 크리켓의 지배력이 자리 잡았다. 19세기 중반부터 자발적으로 크리켓을 처음으로 시작한 원주민들은 봄베이(현재의 뭄바이)의 파르시(Parsis)(2)들이었다. 인도에서 크리켓에 대한 첫 언급은 1721년으로 거슬러 올라가지만, 영국인들은 이 스포츠를 원주민에게 가르칠 생각이 전혀 없었다고 역사가 라마찬드라 구하는 설명했다(3). 따라서 인도인들은 자발적으로 이 스포츠를 익히기 시작했다. 정치학자이자 사회학자인 아시스 난디는 인도 식민지 주민들이 이 스포츠를 자신들의 것으로 만든 현상을 설명

<젊은이들이 인도 바도다라에 있는 락스미 빌라스 궁전의 공원에서 크리켓 훈련을 하고 있음>, 2020 - 트렌트 파크

하기 위해 다음과 같은 문구를 들려주었다. "크리켓은 영국인들이 우연히 발견한 인도의 스포츠다."

역사학자 라마찬드라 구하는 "축구와 달리, 크리켓은 (20세기 전반기 동안) 모든 사회 계층에서 인기를 누렸다. 축구를 하는 사람들은 거의 예외 없이 노동계급 출신이었고, 그들의 팬들도 마찬가지였다. 반면, 럭비와 테니스는 공개적으로 엘리트 스포츠였다. 오직 크리켓만이 귀족과 서민을 하나로 묶을 수 있었다"라고 설명했다. 그러나 이 역시 극히 일부에 해당되는 이야기다. 오랫동안 인도 카스트 제도에서 브라만 출신이 대표를 거의 독차지해온 것에 비해 달리트(불가촉천민)는 여전히 배척되고 있다. 〈프라디프 매거진〉 기자는 "지금까지 단 네 명만이 국가 대표팀에서 뛰었다"라고 한탄했다. 2023년 6월에도 카스트 상위층 출신 선수들이 불가촉천민 소년의 손가락을 절단한 사건이 있었는데, 소년이 크리켓 공을 만졌다는 것이 그 이유였다.(4)

영국 제국이 남긴 '분할 지배'의 도구, 간디가 분노한 이유

영국 식민 당국은 인도 사회를 고의로 분열시키기 위해 선수들을 종족과 종교 그룹으로 나누었다. 이 그룹 중 일부는 공공 생활에서 서로 적대적 관계였다. 아르준 아파두라이는 "크리켓은 광범위한 전쟁터가 되었으며, 여기서 선수들과 관중들은 자신들이 속한 그룹에 따라 자신을 힌두교도, 파르시, 무슬림으로 인식하게 되었고, 유럽인들과는 반대되는 정체성을 형성하게 되었다"라고 분석했다. '분할 지배'라는 전략은 스포츠 분야를 넘어 영국 식민 정책의 주요 도구로 자리 잡았다. 이러한 전략이 극명하게 반영된 사례가 바로 매년 파르시, 힌두교도, 무슬림, 유럽인 팀들이 토너먼트로 맞붙는 봄베이 4개국 대회였다. 마하트마 간디는 이 대회를 강하게 비판했다. 간디는 종교적 다양성을 존중하는 통일된 인도를 옹호하며, "힌두교도, 파르시, 무슬림과 다른 공동체 팀들이 맞붙는 경기의 의미를 이해할 수 없다. 이러한 분열은 반스포츠적이며, 금기시되어야 한다"라고 주장했다.(5)

'인도 독립의 아버지', 간디가 암살된 지 76년이 지난 현재, 크리켓은 인도에서 가장 인기 있는 스포츠일 뿐만 아니라, 다양한 종족, 문화, 언어적 분열을 가진 나라에서 국민을 하나로 묶는 역할을 하고 있다. 모히트 아난드는 "인도처럼 다양한 사회와 문화를 가진 나라에서 크리켓은 일관성과 통합이라는 매우 희귀한 기회를 선물하며, 이를 통해 국민을 결속시킨다"라고 설명했다.(6)

크리켓이 항상 집권당과 연결되어 있던 것은 아니지만, 1990년대부터 이러한 경향이 강화되었고, 2008년 인도 프리미어 리그(Indian Premier League, IPL)가 창설된 이후 그 영향력은 더욱 커졌다. 샤시 타루르 전 외무부 차관은 "경제가 점진적으로 자유화되면서 크리켓 연맹은 점점 더 많은 텔레비전 중계권 수익을 올리게 되었다"라고 말한다. IPL은 세계에서 가장 수익성이 높은 크리켓 리그로 자리 잡았으며, 크리켓은 인도 스포츠 수익의 85%를 차지하게 되었다.

크리켓, 인도 스포츠 수익의 85%를 차지해

나렌드라 모디 총리가 인도 국민당(BJP)을 이끌고 정권을 잡은 이후, 그의 정부는 약 1억 7천 5백만 명에 이르는 인도 무슬림 인구(전체 인구의 약 15%)에 대한 차별 정책을 펼쳐왔다.(7) 모디는 인도를 힌두화하려는 의도를 공개적으로 드러내며, 심지어 국가대표 크리켓팀의 유니폼 색상을 전통적인 파란색에서 힌두교를 상징하는 주황색으로 바꾸려는 계획까지 고려한 바 있다.

이런 상황에서 무슬림 크리켓 팬들의 행동은 당국의 주목을 받게 되었다. 2017년에는 파키스탄이 인도를 이기자 이를 축하한 19명의 무슬림 팬들이 "공동체 불화를 조장했다"는 이유로 기소된 바 있다.(8) 아카르 파텔 전 인도 앰네스티 인터내셔널 회장은 "파키스탄을 응원하는 것 자체가 불법은 아닌데도 인도 경찰은 이에 아랑곳하지 않는다"라고 지적했다.

샤르다 우그라 기자는 인도 크리켓 통제위원회(BCCI)에 대한 BJP의 장악력을 취재하며, 현 BCCI 총무인 제이 샤가 내무부 장관 아미트 샤의 아들이라는 사실

크리켓은 어떻게 하나?

크리켓은 두 팀이 각각 11명의 선수로 구성되어, 공격과 수비를 번갈아 하며 경기를 진행한다. 공격팀은 배트맨(타자)이 맡고, 수비팀은 볼러(투수)가 주도한다. 경기에서 수비팀 볼러는 공을 던져, 경기장 중심의 직사각형 구역인 피치의 양 끝에 세워진 위켓을 쓰러뜨리려 시도한다. 위켓은 세 개의 나무 막대로 이루어져 있으며, 그 위에 두 개의 작은 나무 타겟이 얹혀 있다. 배트맨은 헬멧을 쓰고 위켓을 지키며, 볼러가 던진 공을 쳐서 최대한 멀리 보내려 한다. 이상적으로는 공을 경기장 밖으로 쳐내는 것이 목표다.

배트맨이 공을 치면, 배트맨과 그 파트너는 위켓 사이를 왕복하며 가능한 한 많은 득점을 얻기 위해 달린다. 공을 쳐서 위켓 사이를 한 번 왕복할 때마다 1점이 주어지며, 공이 땅에 닿지 않고 경기장을 벗어났을 경우 6점이 주어진다. 공이 땅에 닿고 나서 경기장을 벗어나면 4점이 주어진다.

배트맨은 위켓이 쓰러지거나, 수비수가 공을 공중에서 잡아낼 때 아웃된다. 수비팀이 10명의 배트맨을 모두 아웃시키거나, 정해진 오버(over)(한 오버는 6개의 공으로 구성) 50회가 끝나면 공격과 수비가 바뀐다. 더 많은 점수를 획득한 팀이 승리한다. **ID**

글·다비드 가르시아 David Garcia
<르몽드 디플로마티크> 기자

번역·아르망
번역위원

을 지적했다.(9) 아미트 샤는 모디 총리와 가까운 인물로, 2014년부터 2020년까지 BJP를 이끌었고, 모디가 구자라트 주 총리였던 시절 크리켓 연맹을 함께 운영한 바 있다. BCCI의 아시시 셸라르 재무관 또한 BJP 뭄바이 지부 회장을 겸임하고 있으며, 그는 BCCI에서 선출된 후 모디와 아미트 샤에게 감사 인사를 전했다.(10) BCCI 전무이자 전 국가대표 선수였던 사바 카림은 "정부의 지원 없이 크리켓 경기를 조직하는 것은 거의 불가능하다"며, 관료주의 장벽이 경기 운영에 큰 걸림돌이 될 것이라고 덧붙였다. 그러나 크리켓은 적대 관계에 있는 형제 국가들 사이에서 중요한 대화의 통로가 될 수도 있다. 1960년대와 1970년대에 이슬라마바드와 뉴델리는 외교 관계를 단절하고 두 차례 전쟁을 벌였다.

인도와 파키스탄 사이에
핵전쟁을 피하게 한 '크리켓 외교'

그러나 1978년, 거의 20년간의 갈등 끝에 일련의 스포츠 경기가 대화를 재개하는 데 기여했다. 이를 통해 '크리켓 외교'가 탄생했다. 보리아 마줌다르 역사학자이자 기자는 "인도와 파키스탄의 양자 관계가 긴장 상태에 빠질 때마다 크리켓은 항상 구원 역할을 해왔다"고 분석했다.(11) 1987년, 두 나라가 카슈미르 전선에서 새로운 전쟁을 준비하던 중, 파키스탄 대통령 무하마드 지아 울하크는 인도의 라자스탄 주 자이푸르에서 열린 경기에 깜짝 참석하여 위기를 완화시킨 바 있다.(12)

그러나 크리켓 외교는 동시에 인도의 외국인 혐오 세력들을 극도로 자극했다. 1999년 초, BCCI의 초청으로 12년 만에 파키스탄 대표팀이 인도 순방을 시작했다. 정치학자 아비프수 할더는 "이 순방은 인도 정부의 승인을 받았으며, 크리켓 외교의 일환이었다"고 강조했다.(13) 그러나 이는 마하라슈트라 주의 수도 뭄바이에 본부를 둔 극단적 민족주의 정당인 시브 세나의 분노를 일으켰다. 이 정당은 파키스탄이 카슈미르 분리주의자들을 지원한다고 비난하며 원칙적으로 파키스탄과의 모든 대화와 교류에 반대했다. 시브 세나의 활동가들은 순방을 방해

하려고 뉴델리의 페로즈 샤 콧라 경기장 잔디를 파헤치고, 파키스탄 외교 시설을 공격했다. 결국 뉴델리에서 열릴 예정이던 경기는 첸나이(마드라스)로 옮겨졌으며, 원래 예정된 3경기가 2경기로 줄어들었다. 크리켓이 평화를 촉진하려는 과정에서 폭력을 불러온 것이다. 물론, 항상 그런 것은 아니었다.

2001년 10월 1일, 잠무-카슈미르 의회를 겨냥한 치명적인 공격이 스리나가르에서 발생했다. 인도 당국은 이를 카슈미르 이슬람주의자들의 소행으로 규정했다. 인도와 파키스탄은 핵 전쟁 직전까지 치달았지만, 양측의 외교적 노력 덕분에 충돌을 피할 수 있었다. 이러한 극도의 긴장 상태 속에서 BCCI가 2004년 인도 대표팀의 파키스탄 순방을 제안했고, 이는 중요한 시기에 제안된 적절한 해결책이었다.(14) 당시 아탈 비하리 바지파이 인도 총리는 크리켓을 이용해 평화를 강화하는 카드를 꺼내 들었으며, 파키스탄 정부는 수천 명의 인도 팬들에게 비자를 발급하며 호의를 보였다.

다음 해에는 양국 수반이 뉴델리에서 열린 경기를 관람했고, 이 만남은 곧 양자 회담으로 이어졌다. 양국 지도자들은 "따뜻한" 대화를 나누었다고 평가했다. 그러나 2008년 11월 26일, 뭄바이가 대규모 테러 공격의 표적이 되었다. 이슬람주의자들은 인도와 영국 간의 크리켓 경기가 열리는 날을 고의로 선택했으며, 경찰을 포함한 인도 전체가 경기 중계에 집중했다. 테러 이후 양국 간 긴장은 다시 고조되었고, 인도는 파키스탄을 공격의 배후로 지목했으나 파키스탄은 이를 전면 부인했다. 하지만 크리켓은 다시 한 번 양국 간 평화의 조짐을 보여주는 역할을 했다.

세계 크리켓 수익의 약 70%가
인도 시장에서 나와

그러나 인도 국민당(BJP)의 집권 이후 크리켓 외교는 사실상 끝났다고 샤르다 우그라는 말한다. 이제 크리켓은 인도 대륙의 '국민 스포츠'일 뿐만 아니라 공격적인 민족주의의 프로젝트이지 정치적 힘의 도구가 되었다

고 아비프수 할더는 덧붙인다. 크리켓 월드컵은 국제 크리켓 연맹(ICC)이 주관하는 대회로, 개최국들은 그 일정을 따를 수밖에 없다. 그러나 인도 정부는 BCCI를 통해 인도와 파키스탄 간의 친선 경기를 금지할 수 있다. 2023년 아시아컵이 파키스탄에서 열릴 예정이었으나, 인도의 거부로 스리랑카가 대회를 대신 주최했다. 아시아 크리켓 연맹(ACC) 회장은 제이 샤, 즉 BCCI의 수장이었다. 이 긴장된 분위기를 무시하려 했던 파키스탄 크리켓 연맹의 회장은 2023년 9월 콜롬보에서 열린 인도-파키스탄 경기에서 인도 친구와 동행할 계획이었다. 그 친구는 다름 아닌 아룬 싱 두말이었고, 그는 인도 프리미어 리그(IPL)의 회장이자 BCCI의 전 재무관으로, 인도 스포츠부 장관의 형이었다. 그러나 경기가 시작된 지 15분 만에 뉴델리에서 그에게 경기장을 떠나라는 명령이 떨어졌다.

두말은 IPL과 BCCI의 정치적,

외교적 영향력을 잘 알고 있다. 2018년에는 약 7억 1천 5백만 명이 크리켓 경기를 시청했으며, 이는 인도에서 스포츠 이벤트를 본 전체 시청자 중 93%에 해당한다. 샤르다 우그라는 "이러한 시청률은 국제 크리켓 협의회(ICC) 전체 회원국의 인구를 합친 것보다 많으며, 미국 인구의 두 배에 해당한다. 이는 BCCI의 재정적 안정성의 원동력이다"라고 설명했다. 이로 인해 BCCI는 세계에서 가장 부유하고 영향력 있는 국가 크리켓 연맹이 되었으며, "ICC보다도 더 부유하다. 세계 크리켓 수익의 약 70%가 인도 시장에서 발생한다"라고 모히트 아난드는 지적한다. 제이 샤가 12월 1일부터 ICC 의장을 맡게 되면, 인도의 크리켓 세계 지배력이 더욱 강화될 가능성이 크다.

카슈미르 분쟁지역에서 논란이 된 크리켓 챔피언십

이 막대한 자원을 바탕으로, BCCI는 자신의 규칙을 강요하고 있다. 2021년, 파키스탄 크리켓 연맹이 아자드 카슈미르에서 프로 리그를 창설하려는 계획을 세웠을 때, BCCI는 ICC에 이 리그의 존재를 인정하지 말 것을 요청했다. 요청이 거부되자 BCCI는 IPL에 참가하려는 선수들이 카슈미르 리그에 참여할 경우 이후 IPL에 참가하지 못하게 하겠다고 위협했다.

영향력 있는 기자 비제이 로카팔리는 이를 당연한 것으로 여기며,

"이 챔피언십은 분쟁 지역에서 열리고 있다. 인도는 파키스탄이 그 지역을 점령하고 있다고 주장하며, 그 땅은 우리의 것이라고 한다. IPL은 자신의 이미지를 보호해야 하며, 그래서 카슈미르 리그든 다른 리그든 선수들이 다른 곳에서 뛰는 것을 금지하는 것이다. 이는 세계 어디에도 없는 혜택, 즉 스포츠 선수들에게 주어지는 은퇴 연금과 같은 혜택을 얻기 위한 대가이다"라고 설명했다.

파키스탄 측은 이 경고를 심각하게 받아들였다. 파키스탄 크리켓 연맹 회장 라미즈 라자는 파키스탄 상원에서 청문회를 하며 "우리 수입의 절반이 ICC에서 나온다. 만약 내일 인도 총리가 파키스탄에 대한 자금 지원을 차단한다고 결정하면, 파키스탄 크리켓 연맹은 무너질 수 있다"라고 밝혔다.(15)

BCCI는 또한 파키스탄의 강력한 동맹국인 중국을 겨냥하고 있다. 양국은 아크사이친 영토를 두고 60년 넘게 국경 분쟁을 벌여왔으며, 2020년 충돌로 인해 인도군 20명이 사망한 바 있다. BCCI는 중국 휴대전화 제조업체 비보(Vivo)와의 계약을 중단하라고 촉구했고, 결국 IPL은 비보를 인도 기업 타타(Tata)로 대체했다.

아프가니스탄 크리켓팀이 보여준 희망의 불꽃

그러나 이러한 결정은 외교적으로는 아무런 효과를 거두지 못했다. 크리켓 외교를 포기하고 강경한 정치적 접근을 취하는 것이 실질적인 성과를 내지 못하고 있다는 증거였다. 인도의 스포츠 재정력이 막강함에도 불구하고, 파키스탄은 여전히 아자드 카슈미르 영토에서 한 치도 양보하지 않고 있으며, 중국은 계속해서 인도 영토를 잠식하고 있다.

이런 어두운 지정학적 상황 속에서도 크리켓 경기는 희망의 불빛을 제공할 수 있다. 2023년 11월 7일 뭄바이에서 열린 호주와 아프가니스탄의 경기가 그 예다. 타자가 공을 경기장 너머로 날릴 때마다, 네 모퉁이에서 물안개가 뿜어져 나왔다. 축제 분위기 속에서 두 팀의 팬들은 따뜻한 박수를 함께 보냈다. 아프가니스탄의 이 수준 높은 경기 출전 자체가 기적이다. 미국의 메시아주의와 탈

레반의 어둠에 의해 파괴된 아프가니스탄의 국민은 파키스탄의 난민 캠프에서 크리켓을 배웠다. 덕분에 미디어는 이 고통받는 나라에 대해 긍정적인 보도를 하기 시작했다. 샤르다 우그라는 밝은 미소를 지으며 "그들은 용감하고 정말 좋은 경기력을 보여주었다"라고 칭찬했다. ⏲

글·다비드 가르시아 David Garcia
<르몽드 디플로마티크> 기자

번역·아르망
번역위원

(1) 아르준 아파두라이, 『Après le colonialisme. Les conséquences culturelles de la globalisation 식민지 이후: 세계화의 문화적 결과들』, 작은 도서관(Petite Bibliothèque) 시리즈, 파리, 2015. 아파두라이의 모든 인용은 이 책에서 발췌함.
(2) 조로아스터교를 신봉하는 파르시(Parsis)는 서기 8세기에서 10세기 사이 페르시아에서 인도로 이주함.
(3) 라마찬드라 구하, 『A Corner of a Foreign Field: The Indian History of a British Sport』, 런던, 2003. 구하의 모든 인용은 이 책에서 발췌함.
(4) '조카가 크리켓 공을 만진 후 달리트 남성의 손가락이 잘림', 2023년 6월 6일, https://scroll.in
(5) 스티븐 웨그, 『Cricket: A Political History of the Global Game, 1945-2017』, 라우틀리지(Routledge), 2018. 웨그의 모든 인용은 이 책에서 발췌함.
(6) 모히트 아난드, 『인도의 크리켓 지정학』, 시몬 채드윅, 폴 위도프, 마이클 M. 골드만 편저, 『The Geopolitical Economy of Sport: Power, Politics, Money, and the State』, 라우틀리지(Routledge), 2023. 아난드의 모든 인용은 이 장에서 발췌함.
(7) 크리스토프 자프렐로, 「나렌드라 모디, 민주주의의 또 다른 아이디어」, <르몽드 디플로마티크> 프랑스어판, 2024년 4월.
(8) 「앰네스티 인터내셔널: 파키스탄 승리를 응원한 팬들은 석방돼야 한다」, <더 가디언>, 2017년 6월 21일.
(9) 샤르다 우그라, 「샤의 놀이터: BJP의 인도 크리켓 통제」, <더 카라반>, 2023년 8월 31일. 우그라의 모든 인용은 이 기사 또는 작가와의 인터뷰에서 발췌함.
(10) 「아시시 셸라르, BCCI 재무관 선출 후 모디와 샤에게 감사」, <더 타임스 오브 인디아>, 뭄바이, 2022년 10월 18일.
(11) 「크리켓 외교, 다시 인도와 파키스탄 간의 다리 역할을 하다」, <르몽드>, 2011년 3월 28일.
(12) 장프랑수아 푸르넬, 「크리켓 경기장에서 만난 인도와 파키스탄」, <라 크루아>, 2015년 7월 24일.
(13) 아비프수 할더, 「자본주의와 스포츠 거버넌스 윤리: 인도 크리켓 통제위원회의 역사」, <스포츠 인 소사이어티>, 제24권, 8호, 테일러 & 프랜시스, 애빙던, 2021. 할더의 모든 인용은 이 논문에서 발췌함.
(14) 프라디프 매거진, 『Not Just Cricket: A Reporter's Journey Through Modern India』, 하퍼콜린스 퍼블리셔스 인디아, 노이다, 2021.
(15) 모히트 아난드, 『인도의 크리켓 지정학』, 앞서 언급한 책(op.cit.)

『콧수염에 대한 보편적 권리: 레모네이드와 레스토랑 노동자들의 콧수염 착용 권리(및 기타 사회적 권리)를 위한 투쟁』의 삽화 _ 관련기사 96면

CULTURE

문화

1907년 프랑스 제빵사와 카페 · 술집 종업원들의 저항

"우리에게 콧수염 기를 권리를 달라!"

1906년 쿠리에르 광산 폭발 사고를 전후로 노동운동에 변화가 일었다. 기업주와 노동자 간에 벌어진 갈등이 지속되는 가운데 콧수염 기를 권리를 주장하는 목소리가 터져 나왔다. 도대체 콧수염과 노동자는 어떤 관계에 있었던 것일까. 당시 기업주는 종업원의 콧수염을 규제했던 이유를 이렇게 내세웠다. "당신은 인류에서 우리의 형제가 아니라 우리의 하인이다."

마티외 콜로간 ▌만화가

콧수염은 심각한 문제다. 농담이 아니다. 기 드 모파상의 단편 『콧수염』에서 여주인공은 이렇게 말한다. "정말이지, 콧수염이 없는 남자는 더 이상 남자가 아니에요 (…) 콧수염은 남성적인 외모에 필수적이에요. 콧수염을 다듬는 이 작은 빗이 시각적으로, 또 배우자와의 관계에 얼마나 유용한지 상상도 못하실 거예요." 콧수염은 학술적 분류와 변형, 그에 따른 세부 분류의 하위 그룹에서 프랑스어로 사용할 때는 정관사 단수형이 아니라 복수형(moustaches)으로 표기해야 한다. 콧수염에는 모양과 특징에 따라 여러 스타일이 있었는데, 끝부분이 위로 올라가면서 곡선 모양을 이루는 골족 스타일, 두껍고 풍성한 콧수염으로 입술을 덮을 정도로 넓게 퍼진 불곰 스타일, 아주 얇고 정교하게 다듬어진 연필 콧수염, 양쪽 끝이 길게 뻗어 아래로 내려가는 페르시아 스타일 등이 있다. 독재자들의 콧수염 선호도를 조사한 연구도 있지만 결정적인 사실은 없었다. 전제 군주 가운데 42%가 콧수염이 있다고 해도, 그것은 개인적 성향보다는 해당 국가의 관례인 경우가 많기 때문이다.

1907년 4월 17일은 프랑스의 군사적 개입과 통제 강화를 초래한 모로코 우지다의 폭동이 있었고, 러디어드 키플링(1865~1936. 영국의 작가이자 시인)은 대표작 『정글북』으로 노벨 문학상을 받았으며, 파리 시민들은 여느 날들처럼 맑은 날씨를 만끽하며 대로변에 있는 술집 테라스로 몰려갔다.

바로 그날 그곳에서 오후 6시 30분에 콧수염 파업이 시작됐다. 정확하게 6시 30분이 되자 종업원들은 더는 주문도 받지 않고 손님들에게는 계산을 끝내도록 했다. 그리고 카운터로 달려가 일당을 챙기고 앞치마를 반납하자마자 술집을 떠났다. 그

이 글에 첨부된 모든 이미지는 마티외 콜로강의 저서 『콧수염에 대한 보편적 권리: 레모네이드와 레스토랑 노동자들의 콧수염 착용 권리(및 기타 사회적 권리)를 위한 투쟁』에서 발췌된 것이다. 이 책은 2022년 ABC 출판사에서 출간되었다.

들은 인도에 삼삼오오 모여 미니 시위를 벌였다. 근무지에서 멀리 떨어진 곳에서 벌이는 종업원들의 시위에 다소 놀란 소비자들은 재미는 있지만 믿기지 않는다는 눈길을 보냈다.

식당·카페·술집 종업원들의 파업이 시작됐다!

술집 주인들은 테라스를 정리했다. 카페 드 라페(Cafe de la Paix: 1862년 오픈, 파리 9구에 위치, 예술가, 작가, 정치인들의 커뮤니티 공간으로 유명)는 문을 닫았고, 카페 리리크(Cafe Lyrique: 극장이나 오페라 하우스 근처에 위치한 카페)는 셔터를 내렸으며, 바 랭테르나쇼날(Bar L'internationale: 파리와 같은 대도시에 있고 주로 사회주의자, 예술가 등이 모이는 카페)은 더 이상 서빙을 할 수 없어 불을 끄고 손님을 내보냈다. 의자는 테이블 위에 올려졌다. 리옹역에 있는 뷔페에서는 그 어느 빈 잔도 채워지지 않았고, 카페 카르디날에서는 그 어느 코르크 마개도 따지지 않았으며, 라메리캥에서는 단 하나의 테이블도 치워지지 않았다. 파티는 끝이 났다.

그렇게 식당·카페·술집 종업원들의 파업이 시작됐다.

이튿날, 언론은 그들의 요구를 비웃었다. 종업원들은 다름아닌 콧수염을 기를 권리를 인정해달라는 것이었다! 재미있지 않은가. 그때까지 시위에 나섰던 노동자는 대부분 광부와 철도원, 전기 기사였다. 그러다 제빵사들과 정육점 직원들도 목소리를 냈고 공무원과 교사들은 단결권을 요구했으며 그리고 보병 조합까지 생겼다!

사람들은 동시에 걱정했다. 이들의 요구와 행동이 갑작스러운 것이 아닌, 꼼꼼하고 신중하게 준비된 움직임이라는 사실을 깨달았기 때문이다. 계기가 있었다. 제빵사들의 시위 발생 일 년 전인 1906년 3월, 프랑스 북부에 위치한 쿠리에르 광산에서 대형 폭발 사고가 있었다. 당시 폭발로 수갱(垂坑, 수직갱도) 여러 곳이 파괴되면서 1,099명의 사망자가 발생했다. 사고 당일, 구조대는 이미 손을 쓰기 어려웠고, 폭발 후 3일째 되는 날에 쿠리에르 광산 회사는 화재를 막고 회사의 피해를 줄인다는 이유로 갱도 세 곳으로 통하는 지하 통로를 막기로 했다.

광부들이 아직 잔해 속에 갇혀 있음을 감안하면 이는 그들에게 사형선고를 내린 셈이다.

사람들은 크게 분노했고, 분노는 역사적이라고 할 만한 대규모 시위로 번졌다. 정부는 경찰과 군대로 강경 대응을 서슴지 않았고, 사법부는 시위자들에게 유죄판결을 내렸다.

그러나 사고로 인한 거대한 공분(公憤)은 노동운동의 불씨로 작용했다. 경영진은 한발 물러나 노동자들의 작업환경 개선을 위한 안전 표준과 피해자 가족에 대한 보상책을 마련했다. 또한 '급진당'의 중도파 정부는 노동운동이 제시한 강력하고 상징적인 요구를 수용키로 했다. 요구사항인 주휴제와 하루 8시간 노동 중에 정부는 주휴제를 수용했다.

주휴제 요구는 노동자 해방, 즉 노동자의 운명은 단순히 일을 하고 잠을 자고 다시 일하는 것이 아니라는, 열악한 노동 조건과 위험한 작업환경에서 벗어나, 보다 인간적이고 안전한 노동 환경을 만들기 위한 사회적·정치적 투쟁, 나아가 노동자의 사회적 평등을 실현하려는 투쟁을 의미하는 개념이 탄생하는 계기가 되었다.

주휴제가 적용 안돼
노예 상태로 돌아간 종업원들

페르디낭 사리앵(1840-1915) 당시 프랑스 총리가 주휴제(주간 휴일) 도입을 발표했지만, 그 계획은 실망으로 끝났다. 급진당은 주휴제 법안을 여러 차례 수정했고, 그 결과 주휴일 적용 범위가 대폭 축소되었다. 특정 분야만 분기별로 주휴제를 적용받고, 누적된 주휴일은 더 이상 인정되지 않았다. 오히려 고용주들은 주휴제를 악용하여, 이미 체결된 노동 협약마저 지키지 않으려 했다. 당초 주휴제 도입 취지는 사라져버린 것이다.

사실상 종업원 입장에서 보면 투쟁으로 얻어낸 주휴제 단체 협약은 휴지조각이 될 형편이었다. 해당 쟁점에 대한 해결책은 각 사업장마다 다르게 수용되어, 사실상 대부분 근무 조건이 이전으로 돌아갔다. 즉, 노예 상태로 돌아간 것이다. 식당 및 카페 종업원은 사장이 원하면 하루에 20시간도 일해야 했다. 저녁에는 고정 급여를 받지 않고 팁만 받았다. 팁도 일부만 받았다. 서빙으로 생기는 팁은 바에 놓여 있는 금전함에 넣어야 했다. 일과가 끝나면 사장은 금전함에서 먼저 자신의 몫(총액의 5~25%)을 챙기고, 일반 경비(성냥, 편지지, 이쑤시개, 신문 등 좋은 종업원이라면 고객에게 제공할 수 있어야 하는 물품 비용)를 제했다. 파손된 물품(깨진 유리잔이나 컵 비용)과 계산에서 누락된 음료나 식대도 뺐다. 규모가 큰 술집에서는 사장이 종업원들에게 사무나 청소와 설거지를 강요하기도 했고, 사례금과 식비를 내게 하는 경우도 있었다.

남은 돈은 종업원들 간 위계에 따라 분배됐다. 종업원들이 돈을 전혀 받지 못하는 날도 있었다. 고용 보장도 없고, 휴가도 없고, 복지도 없었다. 일이 끝나기도 전에 지치다 보니 종업원들은 일을 오래 지속할 수 없었다. 이러한 상황을 보면, 현재 우버(Uber)가 초래하는 문제는 결코 새로운 일이 아님을 알 수 있다. 당시 노동총동맹은 1904년 9월 부르주 회의에서 의회의 주휴제 포기를 좌시하지 않겠다며 식품업 노동자들과 함께 투쟁에 나서겠다고 했다. 단체 협약 수정을 위해 바스티유역에서 나시옹역까지 24시간 시위를 하기로 했지만 날짜는 예고되지 않았다. 고용주는 의심되는 노조원을 해고하고 파업 대체 인력 고용에 관심을 쏟았으나 노동자 및 노동계의 요구사항은 무시했다.

파업에 나선 제빵사들

1907년, 프랑스 노동총연맹(Confédération générale du travail, CGT)은 노동자들의 결집을 위한 은밀한 방법을 사용하여 대규모 파업을 준비했다. 노동자들에게 파업 참여 의향과 참여 가능 일자 등을 묻는 설문을 경찰의 감시를 피해 비밀리에 진행하고 설문 결과 또한 은밀하게 수집되었다. 최종 결정된 파업 일자와 요구 사항 등을 노동자들에게 전달하는 방법 또한 아주 특수한 방법을 동원했다.

설문지에는 얼마나 많은 회원들이 기꺼이 파업에 동참할 것인지, 고려중인 방법이 무엇인지(합법적인 방법인지 폭력적인 방법인지), 구체적인 요구사항은 무엇인지 등을 묻는 질문들이 있었다. 해당 설문을 완료하면 설문지는 노동위원회 사무소나 노동조합이 아니라 경찰이 알 수 없는 비샤 20번지에 사는 르그랑이라는 사람에게 발송됐다. 그곳은 건설 중인 노동위원회 본부에서 두 발자국 떨어진 곳이었다. 발신자 주소와 성명도 찍혀 있지 않고, 어떤 설명도 없는 상태로 우편으로 발송됐다. 이것이 결집을 알리는 신호이자 날짜였다.

1907년 4월 11일에 제빵사들이 움직였다. 파업이 시작되었다. 파리 경찰청장인 루이 레핀은 파업 진압에 나섰다. 가담한 노동자들이 평화롭게 시위를 하도록 내버려두지 않았다. 하지만 노동자총동맹은 대안을 찾았다. 예를 들면 시위 장소를 콩코드 광장이라 발표해놓고 경찰과 기자들이 그곳으로 몰려가면 다른 곳에서 시위를 벌이는 형식이었다.

식품업 노조 연맹 대표인 아메데 부스케와 오귀스트 아돌프 사부아는 마리니 가에서 샹젤리제까지 산책하듯 걷다가 오전 10시 정각, 입고 있던 프록코트에서 '제빵사 파업 중'과 '주휴제 만세'라고 적힌 플래카드를 꺼내 든 채 인도를 벗어나 로얄 가로 떠나는 방법을 썼다.

여기저기서 사람들이 모여들더니 그때까지 숨기고 있던 깃발과 플래카드를 꺼냈고, 채 몇 분도 되지 않아서 시위대는 3,000명으로 불어나 경찰을 놀라게 했다. 시위대는 경찰과 대치 끝에 무질서한 모습으로 노동위원회 사무실에 도착했다. 사무직도 신속하게 파업에 동참했다. 노동위원회 사무실은 물론 모든 크고 작은 방들과 심지어 복도까지 파업에 참여하는 식품업 노동자들로 인해서 크게 붐볐다.

이렇게 파업이 시작됐다.

클레망소 총리가 중재를 제안한 이유

총리 겸 내무장관인 조르주 클레망소는 다음 날 파업 중인 제빵사 대표단을 만났다. 본인 사무실에서 맞이했다. 그는 대표단을 지지한다고 말하고, 빵집 주인들에게 중재를 제안했다. 동시에 프랑스 빵의 중심지라 할 수 있는 일드프랑스 지역에서 생산된 빵을 파리 전역에 공급하겠다고 약속했다. 식사에 필수적인 빵은 어떤 희생을 치르더라도 파리 주민들에게 공급되어야 했다. 당시 모든 정치 지도자는 빵 부족이 폭동의 원인이 될 수 있다는 사실을 잘 알고 있었다.

그러나 프랑스 제3공화국 시대의 주요 인물이었던 클레망소는 사실 속내를 알 수 없는 인물이었다. 그는 루이즈 미셸(프랑스의 아나키스트―역주)의 친구인 사회주의자 오귀스트 블랑키로부터 오랫동안 지지를 받았고, 교회의 정치적 영향력에 반대하는 반(反)교권주의자이자 반(反)식민지주의자였으며, 표현의 자유를 옹호하고 확신에 찬 드레퓌스파였다. 보수 정당인 '질서당'을 옹호했으며, 반(反)군국주의 발언으로 징역형을 받았고, 최초로 집시 감시법을 제정했으며, 반(反)노동 정책과 친(親)노동정책 사이를 오갔다.

당시 클레망소는 제빵사들을 만나서 고용주와의 협상을 요구하는 그들의 의사를 지지했지만, 고용주 측은 외국에서 제빵사를 불러들이는 방법을 썼고, 그들이 도착하기까지 경찰의 보호 아래 빵을 만들고 있었다. 제빵업 노조는 제빵사가 없는 빵집들이 생산한 엉망진창인 빵을 노동위원회 앞에 전시하면서 그들을 조롱했다.

4월 17일 파업 중인 카페·술집 종업원들이 노동위원회에 모여서 첫 번째 회의를 열었지만, 분위기는 과열됐다. 복도에서도 회의장 내부의 소리가 들렸고 문 앞에는 기자들이 대기하고 있었다. 카페·술집 종업원 노조의 핵심 인물인 외젠 프로타는 연단에 서서 매주 휴식 시간을 줄 것, 금전함을 치우고 비용 공제를 하지 말 것, 노조를 인정할 것, 콧수염을 기를 권리를 인정할 것 등의 요구사항을 낭독했다. 다른 방에서는 호텔 종업원들이 파업을 두고 투표했다. 정육점 종업원들도 인접한 작은 방에서 조직을 가다듬었다. 잠수부들도 첫 번째 회합을 가졌다. 집회는 혁명가를 부르는 것으로 끝이 났다. 사람들은 "파업 만세!"라고 구호를 외쳤다.

카페 주인들, 종업원들을 비웃고 클레망소 중재를 거부

설탕 정제업 종사자들 회의에서는 고함이 들렸다. 메티비에 동지가 여성 파업 참가자들이 받는 압박감을 설명하자 고함소리가 터져 나와서 연사 소리가 들리지 않았다. 사복 경찰이 연사들의 이름을 적다가 사람들에게 들켜서 두들겨 맞고는 노동위원회에서 쫓겨났다. 새롭게 파업에 동참하는 단체가 들어올 때마다 환호성이 터졌다. 카페·술집 종업원 총회에 사람들이 넘쳐났다. 그리고 전면 파업에 투표했다.

식당 주인들이 모인 노조에서도 회의를 가졌다. 분위기는 다른 방보다 경직돼 있었다. 요식업자 노조가 주최한 비공개 회의에 참가한 극우 언론에 따르면 그들이 노동총동맹을 인정하는 것은 말도 안 되는 이야기였다. 중요한 것은 주방에서 해결해야 했다. 단체협약과 지점협약과는 거리가 먼 이야기였다. 그들은 테라스에 사무직과 하녀뿐만 아니라 면접을 보러 온 모든 추가 인력을 배치했다. 이탈리아에서 기차를 대절해서 적은 임금으로 파업 중인 종업원들을 대신할 가난한 노동자들을 싣고 왔다. 일부 카페는 그 값싼 노동력 덕분에 계속 문을 열 수 있었다. 하지만 다른 카페들은 굴복하느니 문을 다시 열지 않는 쪽을 택했다.

몽마르트 대로에 위치한 비엔나 카페의 주인인 스피스가 "파업을 막기 위해서 노동총동맹을 인정하면 어떠냐"라고 하자, 사람들은 소리를 지르며 그에게 프랑스인답지 않다며 입을 다물라고 말했다. 반대로 '카페 드 라 페'의 아르튀르 밀롱 사장은 파업에 참가한 종업원들이 작성한 글을 진지하게 받아들였다. 다른 카페 주인들은 종업원들의 요구사항을 비웃었다. 그들은 클레망소의 요청에 따라 중재를 제안한 치안 판사도, 노조도 전혀 만나지 않겠다고 결정했다.

일간지 〈르마탱〉, "모든 문제는 빵집 사장에게만 생길 것"

파업에 참가한 자들은 여전히 문을 연 테라스 카페나 술집에서 일하는 종업원들을 찾아가 몇 시간에 걸쳐 호소했다. 전단을 읽어주며, 일하지 말 것을 부추겼다. 파업은 확산됐고, 무료 급식소가 샤펠 가에 마련됐다. 경찰과 군인은 카페와 빵집을 보호했다. 언론은 파업에 참가하지 않은 노동자들을 모욕하거나 공격하는 일이 잦자 파업이 급진화되는 것을 우려했다. 빵집 유리창을 깨거나 오븐 한 대 분의 반죽통에 석유를 부어버리는 일도 생겼다. 일부 보수적인 기자들은 경찰의 단호한 대처와 사법부의 명백한 결정을 요구했다. 노조 대표들은 기소를 피할 방도를 찾기 시작했다. 그들은 위와 같은 사보타주는 동료들이 한 일이 아니라고 단언했다.

하지만 사보타주는 노동 운동의 수단 중 하나다. 프랑스어로 사보타주(sabotage)를 표기할 때도 단수 정관사 'Le'가 아니라 복수 정관사 'Les'를 사용해야 한다. 도정업 종사자가 약간의 실수를 하고 아주 약간 일을 덜 잘해서 생산을 늦추는 경우도 사보타주이고, 자신이 판매하는 제품의 결함이나 속임수를 소비자에게 경고하는 것도 사보타주이며, 준법투쟁도, 파업에 가담하지 않는 노동자를 무력화시키기 위해 막는 행위도 사보타주이고, 논쟁을 하는 것도 사보타주이기 때문이다.

식품업 노조 운동이 시작되기 일주일 전, 노동총동맹의 주요 지도자인 에밀 푸제는 일간지 〈르마탱〉에 아래와 같은 입장문을 보냈다. "밀가루를 손으로 만지거나 상한 밀가루나 콩가루를 섞거나 반죽에 해로운 성분을 넣는 등의 사보타주를 하는 것은 빵집 사장들이다. 노동자들은 상대편의 금고를 공격한다. (…) 빵집 조수가 반죽에 누룩을 넣는 것을 '잊거나' 소금을 넣는 것을 잊거나, 반대로 너무 많이 넣을 수 있다. 아니면 오븐에서 빵이 타게 내버려두면 빵은 팔 수 없을 것이고 사장만 고통을 당할 것이다. (…) 모든 문제는 빵집 사장에게만 생길 것이다. 그게 바로 사보타주의 성격이다. 사장에게 치명타를 입히려면 사장의 금고를 공격하면 된다. 업주만 공격할 것이다."

빵집 고용주들에 군대를 보내 타협을 종용한 클레망소 총리

그리고 덧붙였다. "기업가나 업주들은 사보타주를 걱정하다 보면 인간답게 생각하고 화합을 위해 성찰하는 계기를 갖게 될 것이다. 사보타주는 그들에게 좀 더 진지한 태도를 갖게 할 것이고, 나아가 사보타주가 없어도 노동자가 만족하는 여건을 위해 힘을 쏟게 될 것이다."

식당 '부이용 뒤발'의 사장은 여성 종업원에게 노동위원회에서 파업에 참가한 사람들을 만나지 말도록 명령했다. "파업중인 카페 종업원들이 노동위원회에 여성이 부족하다고 말하는 것은 놀고 싶어서다. 조심해야지. 그들이 당신더러 일터를 떠나라고 하는 건 당신을 위해서가 아니라 당신이랑 즐기기 위해서다. 그러다 무슨 일이 생기겠는가? 아기 파업 동참자가 생기겠지!" 테라스 테이블에는 빨간 나비가 붙었다. "파업을 지원하고 팁을 지불하지 마십시오." 술집 여러 곳에서 파업에 가담하지 않은 노동자들은 1프랑도 벌지 못한 채 하루를 끝냈고, 결국 다음날 일터로 돌아가지 않았다.

파업이 리옹과 툴롱, 낭트, 마르세유로 확산되는 동안 클레망소는 파리에 전투부대를 세웠다. 모든 일이 벌어지는 곳이 파리였기 때문이다. 클레망소는 빵집에 군인 제빵사와 시립 빈민 구제 제빵사를 배치했다. 빵집 사장들에게 종업원들의 요구사항을 부분적으로 수용하도록 압력을 넣는 것도 잊지 않았다. 몇 가지 주요 사항에서 진척이 있었다.

마침내 굴복한 고용주들, 종업원들이 콧수염 기르는 것을 허용

경찰청과 클레망소의 중재를 거부했던 카페·술집 고용주들이 종업원들의 입장을 인정하고 굴복했다. 고용주들은 경비 일부를 면제하고 콧수염을 기르는 것을 허용했다. 가장 합리적인 고용주들은 사업장에서 경비와 금전함을 없앴고, 일부는 노조를 인정했다.

이틀 후 제빵사 노조원들은 21일 간의 투쟁 끝에 파업을 끝내기로 결정했다. 그들은 주요 목표인 교대식 주휴시간과 노조 승인 및 기타 몇 가지 혜택을 받았다. 48시간 후 카페·술집 종업원들이 16일간의 파업을 마치고 일터로 복귀했다. 경비를 더 적게 제하게 됐고 금전함도 없어졌지만, 노조는 인정되지 않았고 휴일은 여전히 의제에 포함되지 않았다. 4년 후, 노동총동맹은 최초의 고정 보수, 최저 소득 및 경비 공제 종료 등을 위해 새로운 파업을 조직했다. 마침내 1980년대가 되어서야 팁에 대한 모든 공제가 없어졌다.

그런데 왜 콧수염을 기를 권리를 주장했던 걸까? 우파에서 비웃었던 그 요구사항은 큰 상징적 의미를 가지고 있었다. 당시 프랑스인들은 수염을 좋아했다. 정치가 에밀 콩브(1835~1921, 총리역임)의 짤막한 턱수염, 무정부주의자 조르주 이브토(1868~1942, 노동운동가)의 뾰족한 콧수염, 정치가 장 조레(1859~1914, 사회주의 운동가)의 짙은 수염, 파트리스 드 마크 마옹(1808~1893, 제3공화국 두 번째 대통령) 대통령의 염소수염, 클레망소의 자전거 핸들 모양의 콧수염과 구레나

룻, 코밑수염을 좋아했다. 헌병들 사이에서는 콧수염은 의무일 정도였다.

수염은 곧 남자라는 말이 있다. 수염은 어른과 성인 시민을 뜻했다. 수염이 없는 사람은 아이, 즉 미성년자였다. 하지만 계약상 콧수염 금지 조항은 하인과 카페 종업원이 콧수염을 기를 수 있는 권리를 박탈하는 반면, 구레나룻 길이는 센티미터 단위로 규제했다. 메시지는 분명했다. "당신은 인류에서 우리의 형제가 아니라 우리의 하인이다"라고. 여성의 패션은 느슨한 헤어스타일과 볼륨감 있는 커트, 망을 씌우는 것이 가능했지만, 가사도우미의 머리카락은 확실하게 묶고 가려야 했다.

20세기 초 노동운동은 이미 노동자의 육체 해방을 요구하고 있었다. **ID**

글·마티외 콜로간 Mathieu Colloghan
만화가

번역·이연주
번역위원

출처:
- <르탕(Le Temps)>, <르마탱(Le Matin)> <랭트랑시장(L'intransigeant)>, <라프레스(La Presse)>, <라크루아(La Croix)>, <뤼마니테(L'humanité), <레코 드 파리(I'Écho de Paris)>, <로로르(L'Aurore)>, 1907년 4월 11일~5월 4일.
- Grégoire Fleurot, Aurélia Morvan, Mathieu Perisse, Agathe Ranc, 「Un bon dictateur doit-il porter la moustache? 훌륭한 독재자는 콧수염을 길러야 하는가?」, Slate.fr, 2012년 3월 8일.
- 기 드 모파상, 『콧수염』, <길 블라(Gil Blas)>, 1883년 7월 31일.

* 『Trop jeunes pour mourir 죽기에 너무 젊은』 의 저자 기욤 다브랑슈와 셀다 카난의 조언에 감사를 표한다.

장례사업, 사회보장과 공공관리가 대안으로

장례는 영리 상품이 아니다

장례와 애도에는 법적으로는 공공 서비스로 지정된 장례 업계가 관여하지만, 실제로는 시장 논리에 따라 움직이는 여러 사업자가 얽혀 있다. 큰 슬픔 가운데 있는 유족들은 공동체의 지원을 받을 수도 없고, 대부분 익숙하지 않은 장례 서비스의 불안한 소비자가 된다.

알방 보두앵 ▌사망 사회 보장 협의체 창립자
리샤르 몽부아쟁 ▌그르노블 알프스 대학교 강사
장-루 드 생팔 ▌그르노블 알프스 대학교 연구원

프랑스 장례 시스템의 문제점 중 하나는 가격의 폭이 너무 크다는 점이다. 2023년 기준, 매장이나 화장을 막론하고 평균 비용이 3,800유로를 넘지만, 동일한 서비스임에도 가격은 최대 네배까지 차이가 난다.

이 시장을 지배하는 두 거대 그룹은 저가형부터 고급형까지 세분화된 상품을 취급하며 자본주의석, 상업적 논리에 따라 운영된다. PFG(Pompes funèbres générales)가 대표적인 경우다. PFG는 1998년 OGF(Omnium de Gestion et de Financement)에 인수되었고, 교직원 연금펀드인 온타리오 교원 연금펀드가 주요 주주(74%)로 참여하고 있다. 1985년에 등장한 로크 에클레르(Roc Eclerc)는 퓌네캅(Funécap)이라는 지주 회사 소속이다. PFG와 Funécap은 장례사업 전체 시장에서

<잃어버린 젊음>, 2006 - 제임스 홉킨스

발생하는 전체 매출의 35%를 차지하며, 관 제조와 같은 주요 부문을 장악하고 있다.

중소 개별 업체들은 관 제조나 관리 소프트웨어 사용 등에 있어서 이들 두 거대 그룹이 소유한 인프라에 의존해야 한다. Funécap과 OGF-PFG는 화장터의 3분의 2를 운영하고 있다. 특히 2021년부터는 잉그리드 버그만, 에디트 피아프, 안토니오 가우디, 쇼팽 등 유명한 작가, 음악가 등이 묻혀 있는 가장 크고 상징적인 페르 라셰즈 묘지의 화장터를 운영하면서 2년 만에 요금을 약 20% 인상했다.

이 시스템은 일부 지역의 장례 인프라 부족을 이유로 모든 지역에서의 평등한 장례를 보장하지 않는다. 로제르, 기아나, 로트, 오트루아르와 같은 지역에는 화장터가 아예 없다. 예를 들어 기아나 주민은 시신을 1,500킬로미터나 떨어진 마르티니크로 운송해야 하는데 그로 인한 추가 비용을 부담해야 한다.

장례 비용을 줄이기 위한 지원 제도가 없는 것은 아니다. 현재 CPAM(Caisse Primaire d'Assurance Maladie)은 사망 직전 3개월 동안 고용 상태였던 사람의 유족에게 3,910유로의 비과세 사망 수당을 제공한다. 이는 고용 상태였던 유족에 한하며, 고용센터 수혜자, 장애 연금 수령자, 영구적 신체장애가 있는 산업재해 수혜자, 의료진, 장인, 공무원 등의 경우에는 더 많은 지원을 받을 수 있다.

문제시된 장례업계의 이윤추구 방식

그러나 이 수당은 사망 직전 일했던 사람에게만 적용되며, 이는 사망자 중 소수에 해당된다. 연금 생활자의 경우 노동 보건 및 은퇴 보증 기금(Carsat, Caisse d'assurance retraite et de la santé au travail)은 단지 지급되지 않은 마지막 달의 연금만을 가족에게 돌려줄 뿐이다. 자녀가 사망한 경우에는 가족 보증 기금(Caisse d'assurance familiale)으로 이 최대 2,152유로를 지급할 수 있다.

그러나 대부분의 유족들은 이런 지원 제도가 있다는 것조차 몰라 이에 신청도 할 수 없다. 결과적으로, 연간 70억 유로에 달하는 금액이 청구되지 않는 것으로 추정된다.

코로나19 시기에는 죽음에 대한 불안 심리가 급속도로 확산되었다. 미국에서 영향을 받아 시작된 원스톱 일괄 장례 서비스를 제공하는 자영업자들이나, 그리스어로 죽음을 의미하는 타나토스와 하인, 또는 종을 뜻하는 둘라에서 유래한 '타나둘라'와 같은 새로운 직업들이 생겨났다. 타나둘라는 주로 임종을 앞둔 사람과 유족들에게 비의료적인 지원을 제공 한다.(1)

팬데믹은 장례업계의 이윤 추구 방식에 대한 의문을 불러일으켰다. 정치인들은 PFG가 발드마른 주 정부의 요청으로 유족들에게 룽지스 도매시장에 설치한 대형 영안실에 시신을 보관한 비용을 청구하는 것에 반대했다. 그러나 행정감사실은 "룽지스 장례 보관소의 서비스에 대한 비용 청구는 업계 관행에 부합했다"라고 결론지을 수밖에 없었다.(2)

룽지스의 장례 담당자들은 다른 장례식장에서와 마찬가지로 고인에 대한 관리나 유족에 대한 응대 업무를 수행했다. 따라서 문제의 본질은 서비스 자체의 요금 청구라기보다는, 장례가 수익 추구의 대상임을 가족들에게 특히 감내하기 어려운 방식으로 드러낸 데 있었다.

장례 판매교육에 치중…
전문지식은 "현장에서" 배우는 식

이 업계는 장례 담당자 양성 단계부터 시장 논리에 의해 운영된다. 장례 관련 직종을 위한 공공 직업 교육 과정은 존재하지 않으며, 주요 교육 기관은 Funécap과 OGF-PFG가 소유하고 있다. 장례 상담사 과정은 140시간의 수업으로 구성되며, 위생, 묘지 관련 법규, 죽음과 관련된 다양한 종교적 관습 등 다양한 주제를 다룬다. 그러나 판매 교육이 일반적으로 가장 많은 시간을 차지한다. 많은 상담사들은 교육 과정이 너무 짧았다며, 대부분의 지식은 "현장에서" 배우고 있다고 말한다.(3)

장례 담당자들은 직무 수행에 필요한 행정적, 법적,

심리적 기초를 교육받는다. 그러나 사회 보장이 제공하는 지원 프로그램을 커리큘럼에 포함한 학교는 알려진 바 없다.

대형 그룹 외에, 공익 목적의 협동조합(SCIC) 형태를 갖춘 비영리 구조들도 등장하고 있다. 사용자는 원하는 경우 회사의 지분을 구매하여 주주로 참여할 수 있으며, 투자 금액과 관계없이 총회에서 투표권을 행사할 수 있다. 이러한 움직임은 아직 초기 성장 단계에 있으며, 장례 협동조합 연맹의 지도하에 운영 중인 구조는 약 10여 곳이다. 이들의 가격은 여전히 프랑스 전국 평균과 비슷한 수준에 머물고 있다.

또한, 생태적 고려가 대체 장례 방식에서 점점 더 중요한 요소로 자리 잡고 있다. 매장 후 토지 점유를 줄이거나 포름알데히드로 시신을 처리하는 방식을 어떻게 줄일 것인가? 화장 시 열 손실을 줄이는 방법은 무엇인가?

이러한 문제에서도 반복적으로 나타나는 경향이 있다. 사회가 혁신을 요구하면, 입법자는 이를 제약하고 시장 경제는 이를 장악해버린다. 예를 들어, 종이 관은 환경 친화적 방식으로 장례를 치르기 위한 시민 모임의 아이디어에서 비롯되었다. 그러나 OGF-PFG는 입법자에게

루이 14세의 칙령에서 쉬르 법까지

전국 규모의 최초 장례 규제는 루이 14세 시대로 거슬러 올라간다. 그는 1690년에서 1694년 사이 칙령을 통해 각 도시에 '매장 책임자'의 직무를 규정했다. 이 직무는 병원, 특히 의료 시설로 발전하고 있던 '신의 호텔(hôtels-Dieu)'이 매입하며 종교적 장악력이 줄어들기 시작했다.

이들 기관은 도시에서 장례 사업의 독점권을 갖게 되었다. 18세기에는 사망에 따른 불평등이 공간적으로도 나타나 부유층은 교회 예배당이나 묘지 중심부에, 나머지는 외곽 공동묘지에 묻히게 되었다.

한편, 19세기 말에 비종교적 전환이 이루어졌는데, 특히 1881년과 1884년 법이 신앙 공동체 묘지의 설치 및 확장을 금지하면서였다. 이후 묘지는 종교적으로 중립화되었고, 현재도 그러하다.

공화주의자와 자유사상가의 압박 아래 1887년 11월 15일 장례 자유법이 제정되어 성년이 된 개인이 자신의 장례 방식과 매장 방식을 자유롭게 선택할 수 있는 권리를 부여했다. 이를 통해 화장에 대한 권리도 인정받게 되었다.

1904년에는 매장이 비(非)종교화되었고, 장례 서비스의 외부 업무는 지자체가 독점하도록 법이 정했다. 이러한 비종교화는 유족에게 자유를 주었지만, 실제적인 장례문화로 널리 확산하지는 못했다.

전후 1945년 법령은 전국적으로 개인적 위험을 공동으로 부담하는 제도를 도입했고, 1946년에는 이와 관련한 사회보장제도가 마련되었다. 죽음이 유일하게 확실한 위험이므로, 새로운 사회 보장법 제3조는 "질병, 출산, 사망 위험" 관리의 책임을 기초보험기금에 맡겼다.

이 덕분에 여러 형태의 연대 기제가 마련되었으며, 다른 위험들(질병, 출산, 연금 등)은 논의와 진화를 거쳤다. 그러나 죽음과 관련된 권리는 방치되었고, 점차 보험업계와 금융 시장의 쉬운 표적이 되었다.

1828년 조셉 랑글레가 설립한 종합 장례서비스업체인 PFG는 고급 장례 서비스를 제공하는 로블로(Roblot)와 보르니올(Borniol), 석재 및 관 제작 업체들을 인수하며 시장의 큰 비중을 차지하게 되었다. PFG는 장례 서비스를 선택할 권한이 지자체에 속했던 시절 거의 독점적 위치를 차지했고, 지자체는 특히 소규모 지역에서 이 프랜차이즈 체인과 계약을 맺었다.

이러한 상황을 반영하듯 1979년에는 수자원 기업 리요네즈 데조(Lyonnaise des eaux)가 PFG의 주요 주주가 되었고, 현재 수에 조 프랑스(Suez Eau France)로 불리는 이 회사는 1990년대 여러 부패 사건에 연루되기도 했다.

1980년대에는 로크 에클레르(Roc Eclerc)를 포함한 독립 기업들이 이른바 'PFG의 지자체 독점'에 대항하기 위해 조직되었으며, 이는 창업자 미셸-에두아르 르클레르가 주도했다. 르클레르는 유명한 상업센터 설립자인 에두아르 르클레르의 아들이었다.

1993년 1월 8일 제정된 장례법(법률번호 93-23, 쉬르 법)은 유족이 장례 업체를 자유롭게 선택할 수 있는 권리를 보장하며 경쟁이 가격 인하에 기여할 것이라는 논리를 내세웠다. 그러나 가격은 매년 오르며 시장이 공공의 이익에 대한 염원을 넘어서는 결과를 낳았다. **LD**

이러한 관의 크기에 제한을 두도록 로비함으로써, 결과적으로 시민이 자신들의 사업을 벗어나는 시도를 막았다.

현재 이 관들은 생산 원가를 훨씬 웃도는 가격에 판매되며, 일부는 베트남에서 수입된다. 미생물을 이용해 시신을 부식시키는 방식이나, 물을 이용한 수분화를 포함한 다른 방식에서도 대형 이윤 추구 기업들이 독점하여 새로운 시도에 여지가 많지 않다.

사회보장제도로
유족들의 불안 심리를 진정시켜야

그러나 이 분야의 수익성이 당연한 것은 아니다. 파리 시에서 의뢰한 몇 안 되는 조사에 따르면, 2008년 프랑스인의 과반수(53%)가 장례 서비스를 비영리 공공 서비스로 인식해야 한다고 답했다.(4) 이 여론 조사의 의뢰자인 프랑수아 미쇼 네라르 전 파리 시 장례 서비스 사무국장은 이러한 기대를 요금 인상의 추이에 따른 비판 의지를 반영한 것으로 설명했다.(5)

"1993년 시장이 자유화된 이후 장례 비용이 56% 증가했으며, 이는 인플레이션보다 2.5배 빠른 속도다. 파리와 같은 도시에서는 공공 운영자가 존재하고 그 공동체가 시장에 영향을 미칠 수 있었기 때문에 가격 인상이 어느 정도 제한될 수 있었다"라고 그는 설명했다.

많은 도시에서 공공 구조가 존재하지만, 이들 또한 종종 민간 경쟁업체의 행태를 모방하고 있어 충분히 만족스럽지 않다. 이 문제에 적합한 해결책은 당초 사회보장의 취지와 1945년 10월 4일 제정된 사회보장법의 정신을 회복하는 것이다.

2021년에는 역사적으로 네 가지 분야(질병, 가족, 산업재해, 연금)에 대한 개혁과 '자율성'을 높이는 방향으로 사회보장제도가 강화되었다 볼 수 있으나, 왜 더 많은 분야를 고려하지 않는가?

경제학 연구 분야에서도 사회보장을 식품 분야로 확장하는 문제에 대한 논의가 진행 중이다.(6) 일부 대학과 운동 단체들은 1945년 사회보장 창설 당시의 정신에 을 따라, 모든 시민이 기여를 통해 권리를 얻고 그 권리를 바탕으로 보험금 운영에 참여해야 한다는 점을 강조하고 있다. 또한 사망 위험을 보장하는 사회보장제도가 고인의 유족들에게 자동화된 무료 행정 지원을 제공한다면, 유족들은 복잡한 절차를 피하고 보다 쉽게 지원을 받을 수 있게 되어 큰 불안감을 덜 수 있을 것이다.

이러한 구조는 장례업계의 수익 논리를 폐지하고, 장례 담당자들에게 업무의 에 의미를 되찾게 할 것이다. 또한, 노동자와 가족이 공동으로 참여하고 운영하는 보험금 관리 기구를 통해 기업들과 계약을 체결하게 되고, 친환경 장례방식으로 생태적 문제에 대응하는 문제도 함께 논의하여 반영하는 구조를 갖게 될 것이다.

이는 가장 어두운 순간에 발휘되는 솔리다리테(La Solidarité, 연대)의 힘이 그 가능성을 열어줄 것이다. **ID**

글·알방 보두앵 Alban Beaudouin
사망 사회 보장 협의체 창립자
리샤르 몽부아쟁 Richard Monvoisin
그르노블 알프스 대학교 강사
장-루 드 생팔 Jean-Loup de Saint-Phalle
그르노블 알프스 대학교 연구원

번역·김동섭
번역위원

(1) Julien Bernard, 『La 'mission psychologique' des pompes funèbres 장례 서비스의 '심리적 임무'』, <Sociologies pratiques 사회학적 실천> 17호, 파리, 2008.
(2) <Inspection générale de l'administration 2020년 활동 보고서>, 행정 일반 감사, 2021년 3월 30일.
(3) Albertine Delanpe, 『La cendre de tes morts 당신의 죽음의 재』, 몽트뢰유, 2023.
(4) 『프랑스인과 장례식』, 파리를 위한 입소스 설문조사, 2008년 7월.
(5) 『La révolution de la mort 죽음의 혁명』의 저자, 뷔비르 출판사, 파리, 2007.
(6) Laura Petersell & Kévin Certenais, 『Régime général. Pour une Sécurité sociale de l'alimentation 일반 체제. 식품 사회보장을 위해』, 2022. 관련 사이트 https://securite-sociale-alimentation.org 참조.

인간의 내면 속 무의식의 가치

'생각의 자유'를 억압하는 어설픈 자기계발

생각의 자유는 어디까지 허용되는 것일까. 그 자유가 기존의 가치와 질서에 마치 도전장을 내밀 듯 의문을 제기할 때 우리는 이를 어떻게 받아들여야 할까. 지그문트 프로이트의 무의식은 그렇게 '어떤 생각'으로 세상에 도전장을 내밀었다. 그리고 지식이 탄생하는 과정을 거쳐 진보 지식으로 뿌리를 내렸다. 그 배경에는 무엇보다 우리가 지지하는 '생각의 자유'가 있음은 당연하다. 하지만 오늘날 정신 건강을 강조하며 투명한 자아를 추구하는 소위 자기계발 전문가들이 무의식속 생각의 자유를 밀어내고 있다.

에블린 피예에 ▮작가

프로이트와 그의 제자들은 인간의 내면 깊은 곳에 무의식이라는 신비한 존재가 있다고 주장했다. 우리의 삶에 큰 영향을 끼치는 이 무의식은 정신질환을 이해하는 방식뿐만이 아니라 세상을 보는 눈에도 혁명적 변화를 가져왔다. 그러나 우리의 행동이 미처 의식조차 할 수 없는 무의식에 의해 좌우된다면 우리의 자유 의지는 어떤 의미를 갖게 되는 것일까. 행위에 대한 책임은 어디까지일까. 이성과 의지에 근거한 인간의 독자성은 정말 그렇다 할 수 있을까?

물론, 인간이 자신의 삶을 완전히 통제할 수 없다는 점은 오래전부터 알려진 사실이다. 꿈, 말실수, 갑작스러운 생각, 설명되지 않는 신체적 병, 압도적인 열정 등이 그러한 예다. 이러한 현상들에 대해서는 그간 의학적 관점은 물론 철학과 문학을 통해서도 다양한 버전으로 분석과 설명이 이루어져 왔다.

오래전부터 있어 온 그 설명의 일부는 '아담의 후손'에 잠재된 그 어둡고 알 수 없는 고통, 본능적인 욕망과 저항할 수 없는 충동 등이었다. 이러한 내면적 갈등은 종교적 철학적 문학적 해석에서 중요한 단서가 되었다. 예를 들면, 프랑스의 고전주의 극작가인 장 라신(Jean Racine)의 『아탈리아-영적 찬가(Cantiques spirituels)』

(1694)에 언급되는 "오, 하나님, 얼마나 잔인한 전쟁인가! 내 안에 두 사람이 있다는 걸 알게 된다."라는, 저 유명한 성 아우구스티누스의 고백은 인간의 내면에서 선과 악이 싸우고 있음을 말하는 대목이다. 이는 자신의 힘으로 어떻게 할 수 없는 갈등 상황을 지적한 것으로, 내면적 소외감 속에 통제할 수 없는 힘에 대한 이러한 고백은 이후 인간의 복잡한 심리구조와 그에 따른 영향을 연구하는 데에도 큰 영향을 끼치게 된다.

시인 아르튀르 랭보는 "나는 다른 누군가다(Je est un autre)"라는 말을 통해 우리 안에 다양한 자아가 있음을 이야기한 것처럼, 프리드리히 니체 또한 『선악의 저편』(1886)에서 이렇게 말했다. "생각은 그 생각이 원할 때만 찾아오지, 내가 원할 때 오는 것이 아니다. 그러니까 '나는 생각한다'라고 할 때 생각의 주체가 나라고 주장하는 것은 사실을 왜곡하는 것이다. '나'아닌 어떤 것이 생각하는 것이며 그것을 '나'라고 부르는 것은 단순한 가정일 뿐이다." 랭보와 니체의 말을 종합하면 내 의지와 상관없이 '스스로 나타나는 생각'이 나를 지배하고 나는 그 생각들 속에서 다양한 자아로 존재한다는 것을 알 수 있다.